Let's Cook together

Rezepte: Carsten Dorhs

Foodfotografie: Christiane Krüger

Vorwort

Haben Sie Lust, mal wieder etwas richtig Leckeres zu kochen? Den Familienalltag zu durchbrechen, gute Freunde wieder zu sehen oder neue Kollegen oder Bekannte besser kennen zu lernen? Gemeinsam zu essen, zu trinken, zu lachen – also einfach Spaß zu haben?

Dann gilt das Motto: »Let's Cook Together!«

Es lässt sich im Handumdrehen realisieren: die Familie in der Küche versammeln, das Telefonbuch aufschlagen, das Mailverzeichnis durchklicken, dem Bruderherz 'ne SMS schicken oder einfach bei den netten neuen Nachbarn klingeln!

Und nach dem Kühlschrank-Check kann's losgehen! Gemeinsam schnibbeln, brutzeln und genießen.

Let's Cook Together – das ist Kochspaß pur!

Inhalt

Snacks, Suppen & Salate

Fisch, Geflügel und Fleisch

essig

öl

Gemüse, Pasta & Co.

Desserts & Kuchen

Snacks, Suppen & Salate

Wie viele Anlässe gibt's eigentlich
für ein heißes Süppchen?
Das Aufwärmen nach dem Winter-
spaziergang, das Abkühlen in einer
heißen Sommernacht, das Kraft-
tanken nach dem Sport, als Vorspeise
eines wunderbaren Menüs...
Oder machen wir vielleicht doch
lieber einen Salat? Weil der so
knackig ist – und die Suppe dann
danach...?

Bruschetta
mit Rucola

Zutaten für 4 hungrige Köche

Team Rucola:

1	Knoblauchzehe
6	Tomaten
1 Bund	Rucola
	Salz, Pfeffer

Team Ciabatta:

1	Ciabatta
1	Knoblauchzehe
4 EL	Rama Pflanzencreme

Zubereitungszeit: 15 Minuten
Pro Portion etwa: 280 kcal/1170 kJ

Team Rucola:

1 Knoblauch halbieren und eine Schüssel damit ausreiben. Tomaten waschen, vierteln, Kerne und Stielansätze entfernen und das Fruchtfleisch würfeln. In die Schüssel geben. Rucola waschen, trockenschleudern, klein schneiden und zu den Tomaten geben. Mit Salz und Pfeffer würzen.

Team Ciabatta:

1 Ciabatta in Scheiben schneiden. Knoblauch schälen und fein würfeln. Eine große Pfanne mit Rama Pflanzencreme und dem Knoblauch aufstellen. Sobald diese heiß ist, die Brotscheiben darin goldgelb anbraten, dann auf Küchenpapier legen. Team Rucola beim Abschmecken helfen.

Zusammen

Rucola-Tomaten auf den Brotscheiben verteilen.

Tipp:

Wer mag, kann noch ein paar kleingeschnittene schwarze Oliven über die fertigen Bruschette geben. Gut passen auch Fetawürfel. Oder Basilikum statt Rucola.

Kalte Gurkensuppe
mit Lachstatar

Zutaten für 4 hungrige Köche

Team Gurke:

2	Schalotten
1	Knoblauchzehe
1 EL	Rama Pflanzencreme
3	Salatgurken
1 1/2 EL	weißer Aceto balsamico
150 ml	Gemüsebrühe
2 Scheiben	Toastbrot ohne Rinde
1 Bund	Dill
250 g	saure Sahne

Team Lachs:

1	Schalotte
200 g	Lachsfilet
2–3 EL	Zitronensaft

Außerdem:
Salz, Cayennepfeffer, Pfeffer

Zubereitungszeit: 40 Minuten
Kühlzeit: 50 Minuten
Pro Portion etwa: 295 kcal/1235 kJ

Team Gurke:

1 Schalotten und Knoblauch schälen und klein schneiden. In einem Topf Rama Pflanzencreme erhitzen und beides darin dünsten.

2 Gurken schälen, längs halbieren, entkernen, in kleine Würfel schneiden und dazugeben. Mit Essig ablöschen, die Brühe dazugeben und einmal aufkochen lassen. Mit Salz, Cayenne und Pfeffer würzen.

3 Den Toast grob schneiden. Dill waschen und die Spitzen abzupfen. Den Topf vom Herd nehmen, Toast, saure Sahne und Dill dazugeben und das Ganze im Mixer pürieren. Im Kühlschrank kalt stellen, dann noch mal abschmecken.

Team Lachs:

1 Etwas von dem Dill des Teams Gurke stibitzen und dann beim Vorbereiten der Gurken helfen. Den Dill zupfen und fein hacken. Die Schalotte schälen und mit dem Lachsfilet in kleine Würfel schneiden. Mit Salz, Pfeffer, Zitronensaft und Dill abschmecken.

2 Aus der Masse mit zwei Löffeln Nocken formen, diese noch einmal in den Kühlschrank stellen und erst beim Servieren in die kalte Suppe geben.

Zusammen:

Die Suppe in kalten Tellern servieren, das Lachstatar in die Mitte setzen und mit etwas Dill garnieren.

Tipp:
Dazu passt geröstetes Weißbrot.

Gazpacho

Zutaten für 4 hungrige Köche

Team Knoblauch:

2	Schalotten
2	Knoblauchzehen
1	gelbe Paprikaschote
1	Salatgurke
2 EL	Rama Pflanzencreme
100 ml	Brühe

Team Tomate:

10	Strauchtomaten
2 Scheiben	Toastbrot
1 Bund	Basilikum

Außerdem:
Salz, Pfeffer, Tabasco
4 EL Aceto balsamico

Zubereitungszeit: 45 Minuten
Kühlzeit: 1 Stunde
Pro Portion etwa: 130 kcal/545 kJ

Team Knoblauch:

1 Schalotten und Knoblauch schälen und klein schneiden. Paprika waschen, vierteln, putzen und klein schneiden. Gurke schälen, längs halbieren, entkernen und grob schneiden.

2 Rama Pflanzencreme in einem Topf erhitzen und darin Knoblauch, Schalotte und Paprika gut anbraten. Dann Gurke, die Tomaten von Team Tomate und Brühe hinzufügen. Mit Salz, Pfeffer und etwas Tabasco würzen. Einmal aufkochen und etwa 20 Min. köcheln lassen.

Team Tomate:

1 Reichlich Wasser zum Kochen bringen. Die Stielansätze aus den Tomaten entfernen. Die Tomaten etwa 5 Sekunden ins kochende Wasser legen, dann sofort kalt abschrecken. Jetzt die Haut abziehen.

2 Das Toastbrot klein zupfen. Das Basilikum waschen und zupfen. Ein Drittel des Basilikums fein schneiden.

Zusammen:

1 Den Topf vom Herd nehmen. Balsamico, Basilikumblätter und die Toaststücke dazugeben und alles pürieren.

2 Die Suppe kalt stellen und noch mal abschmecken. In kalten Tellern anrichten und die Basilikumstreifen darüber verteilen.

Tipp:

Dazu passen hervorragend Baguettescheiben, die in etwas Rama Pflanzencreme mit 1 gehackten Knoblauchzehe angebraten wurden.

Leichte Kartoffelsuppe
mit Bacon und Feta

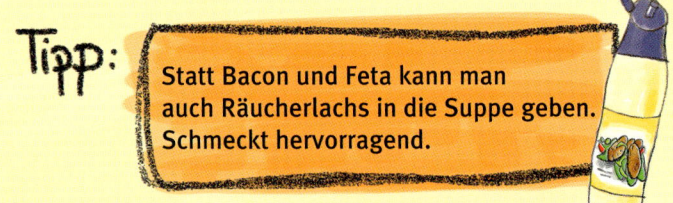

Zutaten für 4 hungrige Köche

Team Suppe:

3	Schalotten
1	kleine Stange Lauch
	Speckschwarte, falls vorhanden
1/2 l	Brühe
250 g	Sahne
	Muskatnuss
50 g	saure Sahne

Team Feta:

250 g	Kartoffeln
1 Pk.	Fetakäse
8 Scheiben	Bacon
1 kl. Bund	Schnittlauch

Außerdem:
Rama Pflanzencreme, Salz, Pfeffer

Zubereitungszeit: 45 Minuten
Pro Portion etwa: 665 kcal/2785 kJ

Team Suppe:

1 Schalotten schälen, Lauch waschen und putzen. Beides klein schneiden und mit der Speckschwarte in einem Topf in 1 EL Rama Pflanzencreme anbraten. Die Kartoffelwürfel vom anderen Team dazugeben. Mit Brühe und Sahne auffüllen. Mit 1 Prise Salz und Muskat würzen. Die Kartoffeln in etwa 20 Min. gar köcheln.

2 Die Speckschwarte herausnehmen und die Suppe pürieren. Jetzt erst die saure Sahne dazugeben und untermixen. Vorsichtig abschmecken (die Fetapäckchen sind salzig) und, bevor es Ärger gibt, Team Feta mit einbeziehen.

Team Feta:

1 Die Kartoffeln waschen, schälen, klein würfeln und an Team Suppe übergeben.

2 Den Feta in 8 gleich große Stücke schneiden. Bacon auf der Arbeitsfläche ausbreiten und die Fetastücke darauf verteilen. Einwickeln und in einer Pfanne in Rama Pflanzencreme von allen Seiten kross anbraten.

3 Den Schnittlauch waschen und in feine Ringe schneiden.

4 Die Suppe in tiefe Teller füllen, Baconpäckchen hinein setzen, den Schnittlauch darüber streuen und mit etwas frisch gemahlenem Pfeffer würzen.

Tipp: Statt Bacon und Feta kann man auch Räucherlachs in die Suppe geben. Schmeckt hervorragend.

Paprikacreme
mit gebackenem Basilikum

Zutaten für 4 hungrige Köche

Team Suppe:

1	Zwiebel
1	Knoblauchzehe
3 Zweige	Thymian
400 ml	Gemüsebrühe
250 g	Sahne
1 EL	saure Sahne

Team Basilikum:

4	rote Paprikaschoten
20	Basilikumblätter
1	Ei
50 ml	Bier oder trockener Weißwein
60 g	Mehl
	Mehl zum Bestäuben

Außerdem:
Rama Pflanzencreme
Salz, Pfeffer, Cayennepfeffer

Zubereitungszeit: 50 Minuten
Pro Portion etwa: 415 kcal/1735 kJ

Tipp:

Croûtons (Rezept Seite 17) anstatt gebackenem Basilikum zur Suppe reichen.

Team Suppe:

1 Zwiebel und Knoblauch schälen und klein schneiden. Einen Topf mit 1 EL Rama Pflanzencreme aufstellen, Knoblauch, Zwiebel, Thymian und Paprika (kommen vom Team Basilikum) darin gut anbraten. Mit der Brühe auffüllen und bei mittlerer Hitze um die Hälfte einkochen lassen. Die Sahne hinzufügen und noch etwa 10 Min. köcheln lassen. Mit Salz, Pfeffer und Cayenne würzen.

2 Saure Sahne dazugeben. Die Suppe pürieren und durch ein Sieb passieren, damit Schalen und Kräuterstiele zurück bleiben. Noch einmal aufkochen lassen und gegebenenfalls nachwürzen.

Team Basilikum:

1 Paprika waschen, putzen, in kleine Würfel schneiden und an Team Suppe weiterleiten.

2 Basilikumblätter waschen und auf einem Teller verteilen. Ei und Bier oder Wein in einer Schüssel verquirlen. Das Mehl unterrühren und mit 1 Prise Salz würzen.

3 Eine Pfanne mit 3–4 EL Rama Pflanzencreme erhitzen. 12 Basilikumblätter in Mehl wenden, durch den Ausbackteig ziehen und in die heiße Pfanne legen. Von beiden Seiten bei mittlerer Hitze goldgelb backen und auf Küchenpapier zum Abtropfen legen. Mit etwas Salz würzen.

4 Das restliche Basilikum in Streifen schneiden. Suppe in Teller geben, die Basilikumbeignets darauf setzen und mit Basilikum anrichten.

Gambas auf Zucchinicarpaccio
mit Rucolapesto

Zutaten für 4 hungrige Köche

Team Gambas:

16	Gambas (King Prawns, frisch oder 375 g tiefgefrorene, aufgetaut)
2	mittelgroße Zucchini
	Aceto balsamico
1–2 EL	Rama Pflanzencreme

Team Pesto:

250 g	Rucola
30 g	Pinienkerne (oder Erdnüsse)
60 g	Parmesan, frisch gerieben
250 g	Kirschtomaten

Außerdem:

2 Knoblauchzehen
Salz, Pfeffer, Olivenöl

Zubereitungszeit: 25 Minuten
Pro Portion etwa: 300 kcal/1255 kJ

Team Gambas:

1 Die Garnelen gegebenenfalls aus den Panzern brechen. Auf der Rückseite etwas einschneiden und die dunklen Därme entfernen (sind oft sandig und bitter).

2 Die Zucchini waschen, putzen und in sehr dünne Scheiben schneiden (oder mit einer Küchenreibe dünn hobeln). 1 Knoblauchzehe schälen und halbieren, damit die Teller einreiben und die Zucchinischeiben darauf gleichmäßig auslegen. Mit Salz und Pfeffer würzen. Jetzt mit etwas Olivenöl und Balsamico marinieren.

3 Die halbierte Knoblauchzehe klein schneiden und mit Rama Pflanzencreme in eine Pfanne geben. Die Garnelen darin bei mittlerer Hitze etwa 6 Min. braten und mit Salz und Pfeffer würzen.

Team Pesto:

1 Rucola putzen, waschen und trockenschleudern. 1 Knoblauchzehe schälen und mit 50 ml Olivenöl im Mixer fein pürieren. Nun erst Rucola dazugeben, danach die Pinenkerne und den Parmesan. Noch einmal gut pürieren und mit Salz und Pfeffer abschmecken.

2 Die Kirschtomaten waschen und halbieren oder vierteln. Auf dem Zucchinicarpaccio verteilen.

3 Nun noch die Gambas mit auf den Tellern anrichten und das Pesto darüber geben.

Bunter Salat
mit Croûtons

Zutaten für 4 hungrige Köche

Gastgeber:

4   Scheiben Toastbrot

Team Salat:

200 g   Feldsalat

1   mittelgroßer Chicoree

1 Kopf   Radicchio

1   Lollo Rosso

250 g   Kirschtomaten

Team Croûtons:

1   Knoblauchzehe

1   Schalotte

4 EL   Rama Pflanzencreme

        Salz

50 ml   Brühe

1 TL   Senf

50 ml   Aceto balsamico

        Pfeffer, Zucker

100 ml   Olivenöl

Zubereitungszeit: 20 Minuten
Pro Portion etwa: 350 kcal/1465 kJ

Gastgeber:

Die Toastscheiben schon 1 Stunde vorher ins Tiefkühlgerät legen, damit sie sich später besser schneiden lassen.

Team Salat:

1 Den Feldsalat von Wurzeln und welken Blättern befreien. In kaltem Wasser sehr gründlich waschen. Den Strunk von Chicoree und Radicchio abschneiden und die Blätter in lauwarmem Wasser waschen, damit die Bitterstoffe ein wenig verloren gehen. Dann kurz kalt abbrausen. Lollo Rosso putzen und waschen. Alle Salate trockenschleudern.

2 Kirschtomaten waschen und in Scheiben schneiden oder halbieren. Alles zusammen in einer großen Schüssel vermengen. Die Vinaigrette vom anderen Team einfordern und über den Salat gießen.

Team Croûtons:

1 Toast in etwa 1 cm große Würfel schneiden. Knoblauch und Schalotte schälen. Eine Pfanne mit Rama Pflanzencreme, Knoblauch und Schalotte erhitzen. Sobald diese heiß ist, die Toastwürfel darin goldgelb braten, dabei ab und zu umrühren. Eventuell in zwei Portionen arbeiten. Mit Salz würzen. Knoblauch und Schalotte entfernen und die Croûtons auf Küchenpapier abtropfen lassen.

2 Für die Vinaigrette Brühe, Senf, Essig, Salz, Pfeffer und 1 Prise Zucker in einer Schüssel mit dem Schneebesen verrühren. Jetzt unter ständigem Rühren das Öl nach und nach unterrühren. Vom Team Salat beim Probieren helfen lassen und gegebenenfalls nachwürzen.

Zusammen:

Den Salat anrichten und die Croûtons darüber verteilen.

Rucolasalat mit Schafkäse
im Kürbiskernmantel

Zutaten für 4 hungrige Köche

Team Schafkäse:

300–400 g	Schafkäse
100 g	Kürbiskerne
2	Eier
	Mehl
1	Knoblauchzehe
2 EL	Rama Pflanzencreme

Team Salat:

250 g	Rucola
250 g	Kirschtomaten
80 ml	Olivenöl
30 ml	Aceto balsamico

Außerdem:
Salz, Pfeffer, Zucker

Zubereitungszeit: 30 Minuten
Pro Portion etwa: 625 kcal/2615 kJ

Team Käse:

1 Den Schafkäse in 4 gleich große Stücke teilen. Die Kürbiskerne grob mahlen oder zerstoßen.

2 Die Eier in einer Schüssel verquirlen, eine weitere Schüssel mit etwas Mehl bereitstellen. Den Käse eventuell mit Salz und Pfeffer würzen. In etwas Mehl wenden, dann in die Eierschüssel geben, nun in den Kürbiskernen wälzen. Die Panade etwas andrücken.

3 Den Knoblauch schälen und halbieren. Eine Pfanne mit Rama Pflanzencreme und dem Knoblauch aufstellen. Den Käse darin bei mittlerer Hitze von beiden Seiten in je 2 Min. goldgelb braten.

Team Salat:

1 Die Rucola putzen, waschen und trockenschleudern (Sie können auch den Salat in ein Küchentuch geben und darin am besten auf dem Balkon oder im Bad schleudern). Die Tomaten waschen und halbieren.

2 In einer Schüssel die Vinaigrette aus dem Öl und dem Essig anrühren. Mit Salz, Zucker und Pfeffer abschmecken, gegebenenfalls noch etwas mehr Essig hinzufügen.

3 Nun Kirschtomaten und Salat in der Schüssel marinieren, auf die Teller verteilen und Team Käse fragen, wo der selbige denn bleibt...

Schwarzer Nudelsalat
mit Meeresfrüchten

Zutaten für 4 hungrige Köche

Team Nudeln:

400 g	schwarze Nudeln (ersatzweise Spaghetti)
1 Glas	Meeresfrüchte (200 g Inhalt)
100 g	geschälte Krabben (frisch oder TK und aufgetaut)
1 Bund	Basilikum
250 g	Kirschtomaten

Team Gemüse:

1	Aubergine (etwa 250 g)
1	Zucchino (etwa 150 g)
1	Knoblauchzehe
8 EL	Aceto balsamico

Außerdem:
Salz, Pfeffer, 2 – 3 EL Zitronensaft
Rama Pflanzencreme

Zubereitungszeit: 50 Minuten
Pro Portion etwa: 540 kcal/2260kJ

Team Nudeln:

1 In einem großen Topf reichlich Salzwasser zum Kochen bringen. Die Nudeln darin laut Packungsangabe bissfest garen. Dann das Wasser abgießen und die Nudeln mit 1 EL Rama Pflanzencreme vermengen und kühl stellen.

2 Die Meeresfrüchte abgießen (die Flüssigkeit auffangen) und mit den Krabben vermischen. Das Basilikum waschen, die Blätter abzupfen und grob schneiden. Die Tomaten waschen, halbieren und an Team Gemüse weitergeben.

Team Gemüse:

1 Das Gemüse waschen. Aubergine und Zucchino putzen, vierteln und in Stücke, etwa wie Kirschtomaten, schneiden.

2 Knoblauch schälen, klein schneiden und in einem Topf mit 2 – 3 EL Rama Pflanzencreme anbraten. Die Gemüsewürfel dazugeben und bei mittlerer Hitze Farbe nehmen lassen. Mit Salz und Pfeffer würzen. Mit dem Essig ablöschen und Kirschtomaten und Basilikum (vom Team Nudeln) hinzufügen. Den Topf vom Herd nehmen und das Gemüse kühl stellen.

Zusammen:

Nudeln, Gemüse und Meeresfrüchte vermengen. Mit Zitronensaft und dem aufgefangenen Saft der Meeresfrüchte marinieren. Mit Salz und Pfeffer würzen. Wer mag, kann noch 1 Schuss Balsamico an den Salat geben.

Avocadosalat mit Walnüssen

Zutaten für 4 hungrige Köche

Team Avocado:

2–3 EL	Zitronensaft
2 EL	Honig
2–3	Avocados

Team Zitrusfrüchte:

1 EL	Rama Pflanzencreme
100 g	Walnusskerne
2	Orangen
2	rosa Grapefruits

Außerdem:
Salz, Pfeffer

Zubereitungszeit: 25 Minuten
Pro Portion etwa: 520 kcal/2175 kJ

Team Avocado:

1 Den Zitronensaft in einer größeren Schüssel mit dem Honig verrühren.

2 Die Avocados halbieren und die Kerne herausnehmen. Nun mit einem Löffel auf der Schale der Avocado rundherum entlang schaben, so dass sich das Fruchtfleisch in einem Stück löst. Dieses der Länge nach halbieren und in fingerdicke Stücke schneiden. Sofort in die Schüssel geben und mit dem Saft beträufeln, damit die Avocados nicht anlaufen bzw. braun werden.

Team Zitrusfrüchte:

1 Eine Pfanne mit etwas Rama Pflanzencreme aufstellen und darin die Nüsse bei mittlerer Hitze etwa 3 Min. rösten. Etwas abkühlen lassen, in einem Mixer grob mahlen und zur Seite stellen.

2 Die Orangen und Grapefruits oben und unten anschneiden, damit sie auf der Arbeitsfläche stehen können und man das Fruchtfleisch schon sehen kann. Nun mit einem Messer rundherum die Schale mit dem Bast abschneiden. Die Fruchtfilets herausschneiden, in die Schüssel vom Team Avocado geben und den restlichen Saft aus den Häuten noch gut auspressen.

Zusammen:

1 Den Salat mit Salz und Pfeffer abschmecken. Erst jetzt die Nüsse untermengen und alles in Cocktailschalen oder auf einem Salatbett anrichten.

Nussiges Brot
mit Kräuterquark

Zutaten für 1 Kastenform von 30 cm Länge:

Gastgeber und Team Brot:

200 g	gemahlene Haselnüsse
250 g	Mehl (Type 550)
250 g	Roggenmehl
50 g	Haferflocken
50 g	getrocknete Zwiebeln (Fertigprodukt)
1 Würfel	Hefe
1	Ei
	Mehl zum Arbeiten

Team Quark:

1	Schalotte
1	Knoblauchzehe
100 g	frische Kräuter (oder 50 g TK)
	Cayennepfeffer
250 g	Quark
150 g	saure Sahne
1 EL	geriebener Meerrettich
1 TL	Essig oder Zitronensaft

Außerdem:
Zucker, Salz
Rama Pflanzencreme

Zubereitungszeit: 30 Minuten
Ruhezeiten: 1 1/2 Stunden
Backzeit: 40–45 Minuten
Pro Stück etwa: 215 kcal/900 kJ

Der Gastgeber:

1 Er sollte schon 1 Stunde vor Eintreffen der Freunde den Vorteig herstellen. Dafür die Haselnüsse mit Mehl, Haferflocken, getrockneten Zwiebeln und 1 TL Salz in eine große Schüssel geben. 300 ml lauwarmes Wasser, zerbröckelte Hefe, 1 TL Zucker und das Ei verquirlen. Zusammen mit 1 TL Rama Pflanzencreme in die Schüssel geben und alles verkneten. Abgedeckt an einem warmen Ort 1 Stunde gehen lassen.

Team Brot:

1 Den Teig auf einer mit Mehl bestäubten Arbeitsfläche durchkneten. Eine Kastenform von 30 cm mit Rama Pflanzencreme fetten und mit Mehl bestäuben. Den Teig in die Form geben und abgedeckt nochmals 30 Minuten gehen lassen.

2 Den Backofen auf 220° vorheizen. Eine feuerfeste Tasse mit heißem Wasser hineinstellen. Das Brot mit Wasser bepinseln und im Backofen (Mitte, Umluft 200°) 40–45 Min. backen. Mit einem Holzstäbchen eine Garprobe machen: Wenn kein Teig mehr daran haften bleibt, ist das Brot fertig.

Team Kräuterquark:

1 Schalotte schälen, in kleine Würfel schneiden und in eine Schüssel geben. Knoblauch schälen und hineinpressen. Die Kräuter waschen, trocknen, die Blätter fein hacken und dazugeben.

2 Quark und saure Sahne, Zucker, Meerrettich und Essig dazugeben und gut verrühren. Mit Salz, Pfeffer und Cayennepfeffer würzen. Gekühlt servieren, nach Belieben mit Zwiebelringen.

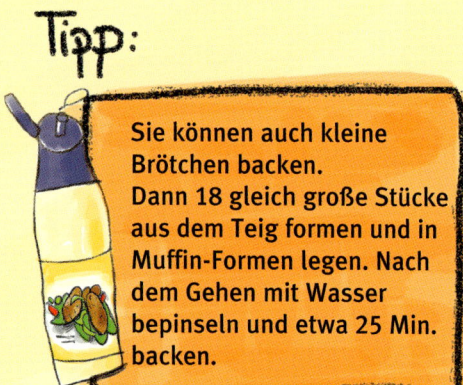

Tipp:

Sie können auch kleine Brötchen backen. Dann 18 gleich große Stücke aus dem Teig formen und in Muffin-Formen legen. Nach dem Gehen mit Wasser bepinseln und etwa 25 Min. backen.

Salami-Muffins

Zutaten für etwa 16 Stück

Team Salami:

100 g	Salami am Stück
100 g	Oliven ohne Stein
100 g	Emmentaler am Stück
1	rote Paprikaschote
	Mehl zum Bestäuben
2 TL	Oregano

Team Buttermilch:

360 g	Mehl
4 TL	Backpulver
	Salz
2	Eier
200 g	Buttermilch

Außerdem:
Rama Pflanzencreme

Zubereitungszeit: 20 Minuten
Backzeit: 20 Minuten
Pro Stück etwa: 200 kcal/835 kJ

Team Salami:

1 Die Salami in kleine Würfel schneiden und die Oliven vierteln. Den Käse fein reiben. Die Paprika waschen, putzen und klein würfeln.

2 Die Muffin-Form mit Rama Pflanzencreme auspinseln und mit etwas Mehl bestäuben oder Papierförmchen (je zwei ineinander stellen) bereitstellen.

3 Oliven, Salami, Paprika, Käse und Oregano unter die Masse von Team Buttermilch geben.

Team Buttermilch:

1 Den Backofen auf 180° vorheizen. Mehl, Backpulver und Salz miteinander vermengen.

2 Eier, 8 EL Rama Pflanzencreme und Buttermilch dazugeben und mit dem Handrührgerät schnell verrühren. Die Zutaten von Team Salami unter den Teig heben.

Zusammen:

1 Die Muffin-Mulden zu zwei Dritteln mit dem Teig füllen und im Backofen (Mitte, Umluft 160°) etwa 20 Min. backen. Mit restlichem Teig noch eine zweite Runde backen oder in je 2 ineinandergestellte Papierförmchen füllen und mitbacken.

Fisch, Geflügel & Fleisch

Stellen wir uns heute mal die
Grätchenfrage? Oder wollen wir
uns lieber auf Hähnchens Flügeln
in die Lüfte schwingen? Oder doch
vielleicht Rouladen rollen?
Ach ja, das ist die Idee:
Let's Cook 'n' Roll!

Kabeljau in Senfsauce
mit Kartoffel-Lauch-Gemüse

Zutaten für 4 hungrige Köche

Team Fisch:

100 ml	Fischfond (Glas)
200 g	Sahne
2 EL	Senf
1 1/2 TL	Speisestärke nach Bedarf
600 g	Kabeljaufilet

Team Gemüse:

6	große Kartoffeln
2	mittelgroße Stangen Lauch

Außerdem:
Rama Pflanzencreme
Salz, Cayennepfeffer, Pfeffer, Muskatnuss

Zubereitungszeit: 45 Minuten
Pro Portion etwa: 540 kcal/2260 kJ

Team Fisch:

1 Fond, Sahne und Senf in einem Topf zum Kochen bringen. Hitze zurückschalten und etwas einkochen lassen, bis die Sauce sämig ist. Gegebenenfalls mit etwas angerührter Speisestärke abbinden (Speisestärke in Wasser anrühren, hineingeben und aufkochen lassen), dabei ab und zu umrühren. Salzen.

2 Den Fisch in 4 Stücke teilen. Möglichst in einer beschichteten Pfanne 2 EL Rama Pflanzencreme erhitzen und den Fisch darin von beiden Seiten anbraten und garen. Vorsichtig wenden, da der Fisch sehr zerbrechlich ist. Mit Salz und Cayenne würzen.

Team Gemüse:

1 Die Kartoffeln waschen, schälen und in kleine Würfel schneiden. Eine große Pfanne oder einen Topf mit 5 EL Rama Pflanzencreme aufstellen und die Kartoffeln darin bei starker Hitze in etwa 5 Min. goldgelb braten.

2 Währenddessen den Lauch putzen, waschen, halbieren und in fingerlange Stücke schneiden. Jetzt den Lauch noch einmal gründlich waschen und wieder trockenlegen. Zu den Kartoffeln geben (Vorsicht, es könnte ein wenig spritzen). Unter Rühren bei mittlerer Hitze 5 Min. garen. Mit Salz, Muskat und Pfeffer würzen.

3 Das Kartoffel-Gemüse auf Teller geben, den Fisch darauf setzen und mit der Sauce bedecken.

Reibekuchen mit Lachs
und Limettencreme

Zutaten für 4 hungrige Köche

Team Reibekuchen:

600 g	große Kartoffeln
1	Schalotte
1	Ei

Team Limettencreme:

150 g	Crème fraîche
1–2 EL	Limettensaft
12 Scheiben Räucherlachs	
	Dill zum Dekorieren

Außerdem:

Salz, Muskatnuss, Pfeffer, Zucker
Rama Pflanzencreme

Zubereitungszeit: 40 Minuten
Pro Portion etwa: 620 kcal/2595 kJ

Team Reibekuchen:

1 Kartoffeln waschen und schälen. Schalotte schälen. Das Ei in eine Schüssel schlagen. Die Schalotte auf der feinen Seite der Haushaltsreibe dazureiben, dann die Kartoffeln (siehe Tipp). Vermischen und mit Salz und Muskat würzen.

2 In die Pfanne, die das Limettenteam inzwischen vorbereitet hat, fünfmarkstückgroße Teigfladen in die heiße Pflanzencreme setzen. Die Reibekuchen bei starker Hitze in etwa 5 Min. von beiden Seiten goldgelb braten. Eventuell mit zwei Pfannen oder in mehreren Durchgängen arbeiten. Falls nötig, nochmal Rama Pflanzencreme in die Pfanne geben. Fertige Küchlein zum Entfetten auf Küchenpapier legen, dann im Backofen warm halten.

Team Limettencreme:

1 Eventuell Team Reibekuchen beim Schälen oder Reiben helfen. Rechtzeitig eine große Pfanne mit 3 EL Rama Pflanzencreme aufstellen.

2 Crème fraîche und den Limettensaft in einer Schüssel verrühren. Mit Salz, Pfeffer und 1 Prise Zucker abschmecken.

3 Team Reibekuchen beim Backen helfen. Den Lachs, den frischen Dill und die Sauce schon einmal auf Tellern anrichten.

Tipp:

Am besten reibt man die Kartoffeln mit der Küchenmaschine.

Lachs-Zucchini-Spieße
in Zitronencreme

Zutaten für 4 hungrige Köche

Team Risotto:

1	Zwiebel
200 g	Risottoreis
100 ml	Weißwein
700 ml	Brühe
50 g	Parmesan, frisch gerieben

Team Spieße:

500 g	Lachsfilet
2–3	Zucchini (etwa 400 g)
1	Zitrone
8	Holzspieße

Außerdem:
Rama Pflanzencreme
Salz, Pfeffer

Zubereitungszeit: 1 Stunde
Pro Portion etwa: 620 kcal/2595 kJ

Team Risotto:

1 Die Zwiebel schälen und in kleine Würfel schneiden. Einen Topf mit 1 EL Rama Pflanzencreme aufstellen und die Zwiebelwürfel darin andünsten. Den gewaschenen Risottoreis dazugeben und anbraten, bis er glasig wird.

2 Den Reis mit dem Weißwein ablöschen und bei mittlerer Hitze zur Hälfte verkochen lassen. Jetzt die Brühe hinzufügen und nur noch köcheln lassen. Salzen und zugedeckt garen (Garzeit siehe Packungsanweisung). Ab und zu umrühren und den Reis testen, ob er schon gar ist. Zum Schluss den Parmesan unterrühren und das Risotto abschmecken.

Team Spieße:

1 Den Lachs in etwa 3 cm große Würfel schneiden. Die Zucchini waschen, putzen, der Länge nach vierteln und ebenso groß würfeln. Beides abwechselnd auf die Spieße stecken. Die Zitrone halbieren. 1 Hälfte in Scheiben schneiden und die andere auspressen.

2 Eine Pfanne mit 2 EL Rama Pflanzencreme aufstellen und darin die Spieße bei mittlerer Hitze von allen Seiten anbraten und dann zugedeckt etwa 6 Min. weiter garen. Zitronensaft und -scheiben mit in die Pfanne geben und mit Salz und Pfeffer würzen.

3 Die Zitronencreme mit den -scheiben beim Anrichten über die Spieße verteilen.

Lachs in Ingwersauce
mit Spinat

Zutaten für 4 hungrige Köche

Team Lachs:

1	Knoblauchzehe
2	Schalotten
1	Stück Ingwer (2–3 cm)
600 g	Lachsfilet
2–3 EL	Zitronensaft
100 ml	Geflügelbrühe
1–2 EL	Speisestärke

Team Popeye:

1 1/2 kg	frischer Blattspinat
2	Schalotten
1	Knoblauchzehe

Außerdem:
Rama Pflanzencreme
Salz, Pfeffer, Muskatnuss

Zubereitungszeit: 45 Minuten
Pro Portion etwa: 495 kcal/2070 kJ

Team Lachs:

1 Knoblauch, Schalotten und Ingwer schälen und alles in feine Würfel schneiden. Eine Pfanne mit 3 EL Rama Pflanzencreme aufstellen und die Würfel darin anbraten.

2 Den Lachs in vier Stücke schneiden, in die Pfanne geben und von beiden Seiten Farbe nehmen lassen. Mit Salz und Pfeffer würzen. Den Zitronensaft und die Brühe hinzufügen und einmal aufkochen lassen.

3 Die Speisestärke mit etwas kaltem Wasser anrühren. Den Lachs aus der Pfanne nehmen und die Stärke in die kochende Flüssigkeit rühren, nochmal aufkochen lassen.

4 Den Lachs wieder in die Sauce legen, die Pfanne vom Herd nehmen und schauen, was der Spinat von Team Popeye macht...

Team Popeye:

1 Den Spinat in stehendem Wasser mehrmals gründlich waschen. Einzeln die Spinatbüschel aus dem Wasser angeln und dabei die Wurzeln bzw. Stiele abzupfen. Den Spinat gut abtropfen lassen.

2 Schalotten und Knoblauch schälen und in feine Würfel schneiden. In einem Topf mit 1/2 EL Rama Pflanzencreme anbraten, dann den Spinat bei mittlerer Hitze 4 Min. garen. Mit Salz und Muskat würzen.

Zusammen:

Was macht der Fisch von Team Lachs? Zusammen anrichten.

Tipp:

Wer bis jetzt nur TK-Spinat kennt, sollte unbedingt einmal dieses Rezept mit frischem Spinat ausprobieren. Der Aufwand lohnt sich!

Viktoriabarsch mit Mangochutney

Zutaten für 4 hungrige Köche

Team Fisch:

2 Stängel	Koriandergrün
2 Stängel	Petersilie
1	Knoblauchzehe
800 g	Viktoriabarschfilets
	Mehl zum Bestäuben

Team Mango:

3–4	Schalotten
2	reife Mangos (etwa 500 g)
40 g	Ingwer
3 EL	Zucker
4 EL	Weißweinessig
1/4 l	Weißwein
1	Gewürznelke
1	Lorbeerblatt
4 Tropfen	Tabasco

Außerdem:
Rama Pflanzencreme
Salz, Pfeffer

Zubereitungszeit: 45 Minuten
Pro Portion etwa: 445 kcal/1860 kJ

Team Fisch:

1 Die Kräuter waschen, abtrocknen, abzupfen und fein hacken. Den Knoblauch schälen und dazu pressen. Kräuter, Knoblauch und 2 EL Rama Pflanzencreme miteinander vermengen.

2 Die Fischfilets kurz kalt abbrausen und auf Küchenpapier trockenlegen. Den Fisch mit der Hautseite nach unten legen und mit etwas Mehl bestäuben.

3 In einer Pfanne 2 EL Rama Pflanzencreme erhitzen und den Fisch zuerst auf der Hautseite anbraten. Mit Salz und Pfeffer würzen. Nun den Fisch wenden, Temperatur reduzieren, die Kräutercreme dazugeben und den Fisch in etwa 5 Min. fertig garen. Stechen Sie ihn mit einem Holzstäbchen an; wenn man keinen Widerstand spürt, ist der Fisch fertig.

Team Mango:

1 Die Schalotten schälen und in Würfel schneiden. Die Mangos schälen, das Fleisch vom Kern schneiden und klein würfeln. Den Ingwer schälen und fein raspeln.

2 Einen Topf mit 1/2 EL Rama Pflanzencreme aufstellen und darin die Schalotten glasig anbraten. Den Zucker dazugeben, kurz mit angehen lassen und mit dem Essig ablöschen. Nun Weißwein, Ingwer, Nelke, Lorbeer und Gewürze dazugeben. Bei mittlerer Hitze etwa um die Hälfte einkochen lassen und abschmecken. Eventuell mögen Sie das Chutney lieber schärfer.

Tipp:

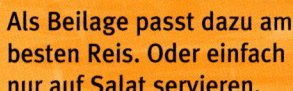

Als Beilage passt dazu am besten Reis. Oder einfach nur auf Salat servieren.

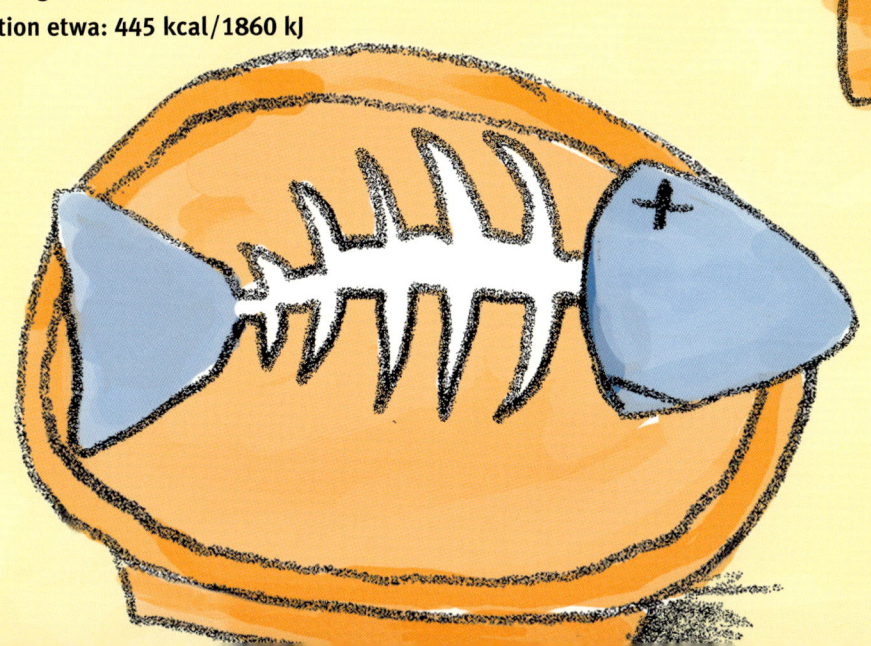

Geflügelcurry mit Ananas und Wildreis

Zutaten für 4 hungrige Köche

Team Beilagen:

300 g	Wildreis, gemischt
1 kl. Dose	Ananas
2 Bund	Frühlingszwiebeln

Team Curry:

600 g	Geflügelbrustfilets
1	Zwiebel
2 TL	Currypulver
50 ml	Weißwein
100 ml	Hühnerbrühe
250 g	Sahne
1 1/2 TL	Speisestärke

Außerdem:
Rama Pflanzencreme
Salz, Pfeffer

Zubereitungszeit: 50 Minuten
Pro Portion etwa: 825 kcal/3455 kJ

Team Beilagen:

1 Den Wildreis laut Packungsbeilage zubereiten.

2 Wenn das Team Curry beginnt, in einem mittelgroßen Topf Salzwasser aufstellen. Die Ananas aus der Dose befreien, den Saft auffangen, die Ananas in zentimetergroße Stücke schneiden und beides an Team Curry weiterleiten. Die Frühlingszwiebeln gründlich waschen und putzen, dabei ganz lassen. Im kochenden Wasser bissfest kochen.

3 Eine Schüssel mit Eiswasser aufstellen und die gekochten Zwiebeln darin abschrecken (kühlen). Jede Zwiebel in der Mitte verknoten.

4 Die Zwiebelknoten in einem Topf in etwas Rama Pflanzencreme wieder erhitzen. Mit Salz und Pfeffer würzen.

Team Curry:

1 Wenn der Reis schon ein Weilchen köchelt (je nach Garzeit), das Fleisch kurz kalt abbrausen, abtrocknen und in daumengroße Stücke schneiden. Einen Topf mit 1–2 El Rama Pflanzencreme aufstellen, das Fleisch darin anbraten, mit Salz und Pfeffer würzen und sofort wieder aus dem Topf nehmen.

2 Die Zwiebel schälen, in Würfel schneiden und mit etwas Rama Pflanzencreme im Topf anbraten. Currypulver dazugeben, bei mittlerer Hitze etwas angehen lassen und mit Weißwein ablöschen. Den Wein fast verkochen lassen und dann Brühe, Sahne und den Ananassaft (kommt vom Team Beilagen) dazugeben. Einmal aufkochen lassen, Fleisch und Ananaswürfel dazugeben und 10 Min. köcheln lassen.

3 Speisestärke in etwas kaltem Wasser anrühren, unterrühren und noch einmal aufkochen lassen. Mit Salz würzen.

Tipp:

Koriandergrün sorgt für den richtigen asiatischen Pepp in diesem Rezept.

Hähnchen-Tandoori
mit gebratenem Gemüse

Zutaten für 4 hungrige Köche

Team Tandoori:

4	Hühnerbrustfilets
3 EL	Tandoorigewürz (Asienladen)
1	Zwiebel

Team Gemüse:

1 Bund	Frühlingszwiebeln
1	rote Paprikaschote
1	Zucchino (etwa 150 g)
250 g	Zuckerschoten
100 g	Shiitake- oder Austernpilze
1 TL	Honig
3 EL	Sojasauce

Außerdem:

Rama Pflanzencreme, Salz, Pfeffer

Zubereitungszeit: 40 Minuten
Pro Portion etwa: 510 kcal/2135 kJ

Team Tandoori:

1 Die Hühnerbrüste waschen und abtrocknen. Jede leicht schräg in 5 Stücke schneiden und in eine Schüssel geben. Tandoorigewürz dazugeben und mit dem Fleisch vermengen. 15 Min in den Kühlschrank stellen.

2 Zwischendurch die Zwiebel für Team Gemüse schälen, halbieren und in schmale Streifen schneiden.

3 Wenn das andere Team beginnt, das Gemüse zu braten, eine große Pfanne mit 2 EL Rama Pflanzencreme bei mittlerer Hitze aufstellen, darin die Geflügelstücke von beiden Seiten anbraten und garen. Mit Salz und Pfeffer würzen.

4 Können Sie Team Gemüse noch unter die Arme greifen? Dann zusammen anrichten.

Team Gemüse:

1 Alle Gemüse waschen und putzen. Von den Pilzen die Stiele abschneiden. Frühlingszwiebeln in drei gleich lange Stücke schneiden. Paprika vierteln und in fingerbreite Streifen schneiden. Zucchino halbieren und schräg in fingerdicke Stücke schneiden.

2 Hat Team Tandoori schon die Zwiebel fertig? Eine große Pfanne mit 3 EL Rama Pflanzencreme richtig heiß werden lassen und das ganze Gemüse darin unter Rühren gut anbraten. Jetzt den Honig hinzufügen und etwa 1 Min. später die Sojasauce. Mit Pfeffer und gegebenenfalls noch Salz würzen.

Satéspieße
mit asiatischem Ratatouille

Zutaten für 4 hungrige Köche

Team Saté:

600 g	Putenfleisch
50 g	Satégewürz (Asienladen)
1	Aubergine
2	Zucchini
8	Schaschlikspieße

Team Ratatouille:

2	Paprikaschoten
1	Zwiebel
1	Knoblauchzehe
50 g	Sesamsamen
2 EL	Sojasauce
200 ml	Tomatensaft

Außerdem:
Rama Pflanzencreme
Salz, Pfeffer

Zubereitungszeit: 40 Minuten
Pro Portion etwa: 370 kcal/1550 kJ

Team Saté:

1 Das Putenfleisch in dünne Streifen schneiden, auf die Spieße stecken und im Satégewürz wenden.

2 Aubergine und Zucchini waschen, putzen und in Würfel von 1–2 cm schneiden und an Team Ratatouille weiterleiten.

3 Sobald das Ratatouille kocht, eine Pfanne mit 2 EL Rama Pflanzencreme aufstellen. Die Satéspieße darin anbraten und bei mittlerer Hitze garen. Mit Salz würzen.

Team Ratatouille:

1 Die Paprika waschen, putzen und in 1–2 cm große Würfel schneiden. Zwiebel und Knoblauch schälen und fein würfeln.

2 Zwei EL Rama Pflanzencreme erhitzen und beides mit dem Sesam darin anbraten. Die Paprikawürfel dazugeben, kurz anbraten und dann Aubergine und Zucchini (kommen vom Team Saté) mitbraten. Mit Salz, Pfeffer und Sojasauce würzen.

3 Den Tomatensaft dazugießen und das Gemüse bei mittlerer Hitze in etwa 10 Min. garen. Abschmecken und zusammen anrichten. Wenn Sie mögen, das Ganze mit Sesamsamen bestreuen.

Schnitzelrouladen
mit Vichy-Karotten

Zutaten für 4 hungrige Köche

Team Roulade:

1	Knoblauchzehe
4	Kalbsschnitzel
100 g	Fetakäse
1/4 Tüte	Zwiebelsuppe (Fertigprodukt)
8 Blätter	Basilikum
50 ml	Weißwein
250 g	Sahne
1 1/2 TL	Speisestärke nach Bedarf
	Zahnstocher

Team Vichy-Karotten:

500 g	Möhren
1	Zwiebel
3 Stängel	Petersilie
1 Prise	Zucker

Außerdem:
Rama Pflanzencreme
Salz, Pfeffer

Zubereitungszeit: 40 Minuten
Pro Portion etwa: 580 kcal/2430 kJ

Team Roulade:

1 Knoblauch halbieren. Die Kalbsschnitzel auf der sauberen Arbeitsfläche ausbreiten und mit dem Knoblauch einreiben. Den Fetakäse in 4 gleich große Stifte schneiden. Das Fleisch mit der Zwiebelsuppe würzen. Käse und Basilikum auf den unteren Teil des Fleisches legen und fest einrollen. Die Rouladen mit Zahnstochern verschließen.

2 Den Backofen auf 190° vorheizen. In einer ofenfesten Pfanne 2 EL Rama Pflanzencreme erhitzen und die Rouladen darin bei starker Hitze von allen Seiten anbraten. Mit dem Weißwein ablöschen, etwas einkochen lassen und die Sahne dazugießen. Mit Salz, Pfeffer und etwas Zwiebelsuppe würzen. Im Backofen (Mitte, Umluft 160°) 15 Min. garen.

3 Wenn die Sauce zu dünnflüssig ist, die Rouladen herausnehmen und warm stellen. Die angerührte Speisestärke auf dem Herd einrühren und nochmal kurz aufkochen lassen. Die Rouladen in je drei Stücke teilen (Zahnstocher herausnehmen!) und auf den Möhren servieren.

Team Vichy-Karotten:

1 Die Möhren waschen und schälen. Der Länge nach vierteln und schräg in etwa 10 cm lange Stifte schneiden. Die Zwiebel schälen und in kleine Würfel schneiden.

2 In einem Topf 3 EL Rama Pflanzencreme erhitzen und die Zwiebel darin bei schwacher Hitze andünsten. Die Möhren hinzufügen und mit Wasser knapp bedecken. Aufkochen lassen, dabei immer wieder Wasser nachgießen, bis die Möhren gar sind. Mit Zucker, Salz und Pfeffer würzen.

3 Die Petersilie waschen, hacken und am Schluss dazugeben.

Tipp: Dazu passt am besten Reis.

Lammkoteletts in Kräuterkruste
mit Polenta

Zutaten für 4 hungrige Köche

Team Lamm:

12	Lammkoteletts
1 EL	Senf
1	Knoblauchzehe
2 EL	gemischte gehackte Kräuter (z.B. Basilikum, Majoran, Thymian, ersatzweise Kräuter der Provence)
100 g	Semmelbrösel

Team Polenta:

1	Knoblauchzehe
400 ml	Milch
1 Zweig	Thymian (ersatzweise 1 Prise getrockneter)
200 g	mittelgrober Maisgrieß
80 g	Parmesan, frisch gerieben

Außerdem:
Rama Pflanzencreme
Salz, Pfeffer

Zubereitungszeit: 1 Stunde
Pro Portion etwa: 985 kcal/4125 kJ

Team Lamm:

1 In einer Pfanne 2 EL Rama Pflanzencreme erhitzen und die Lammkoteletts darin bei mittlerer Hitze von beiden Seiten anbraten. Sofort aus der Pfanne nehmen, auf einen Teller legen und abkühlen lassen. Dann mit Salz und Pfeffer würzen und mit dem Senf einreiben.

2 Den Backofen auf 180° vorheizen. Den Knoblauch schälen und in kleine Würfel schneiden. Knoblauch, Kräuter, Semmelbrösel und 50 ml Rama Pflanzencreme in einer Schüssel vermengen. Die Masse mit einem Löffel dünn auf eine Seite der Koteletts streichen. Die Koteletts im Backofen (Mitte und am besten Oberhitze) höchstens 10 Min. überbacken.

Team Polenta:

1 Den Knoblauch schälen und in kleine Würfel schneiden. In einem großen Topf Rama Pflanzencreme erhitzen und die Zwiebel darin anbraten. 400 ml Wasser, Milch und den Thymian dazugeben und einmal aufkochen lassen. Den Maisgrieß in die kochende Flüssigkeit rieseln lassen. Den Grieß unter Rühren bei schwacher Hitze etwa 20 Min. (sicherheitshalber auf der Packung nachschauen!) garen. Zum Schluss den Thymianzweig entfernen, mit Salz und Pfeffer würzen und den Parmesan unterrühren.

Tipp:

Wer kein Lamm mag, kann auch jedes andere Fleisch für dieses Rezept nehmen.

41

Schweinefilet
mit Möhrennudeln und Würfelkartoffeln

Zutaten für 4 hungrige Köche

Team Filet:

600 g	Schweinefilet
4 Zweige	Rosmarin
200 g	Sahne
100 ml	Bratenfond (oder Kalbs- oder Geflügelfond; Fertigprodukt)
1 1/2 TL	Speisestärke bei Bedarf

Team Möhren:

500 g	Kartoffeln
400 g	Möhren
1 Prise	Zucker

Außerdem:
Rama Pflanzencreme
Salz, Pfeffer

Zubereitungszeit: 1 Stunde
Pro Portion etwa: 645 kcal/2700 kJ

Team Filet:

1 Einen mittelgroßen Topf mit Salzwasser für Team Möhren aufstellen.

2 Das Schweinefleisch gegebenenfalls von Sehnen befreien und in 8 Stücke teilen. 2 EL Rama Pflanzencreme erhitzen, Rosmarin und das Fleisch darin von beiden Seiten anbraten, dabei mit Salz und Pfeffer würzen. Die Sahne und den Bratenfond dazugeben: Das Fleisch darin bei mittlerer Hitze 6–8 Min. garen (je nachdem, wie Sie Ihr Fleisch mögen) und die Sauce etwas einkochen lassen. Eventuell Speisestärke in kaltem Wasser anrühren und die Sauce damit andicken. Abschmecken.

Team Möhren:

1 Die Kartoffeln waschen, schälen und in kleine Würfel schneiden. In einer Pfanne 4 EL Rama Pflanzencreme erhitzen und die Kartoffeln darin bei starker bis mittlerer Hitze anbraten. Dann in etwa 10 Min. unter Wenden goldgelb braten. Mit Salz und etwas Pfeffer würzen.

2 Die Möhren waschen und gründlich schälen. Mit dem Sparschäler dünne Längsstreifen abschälen, so dass »Bandnudeln« entstehen. Kurz vor dem Servieren die Möhren in das kochende Wasser geben (hat Team Filet vorbereitet) und in etwa 4 Min. bissfest kochen. Dann abgießen und mit 2 EL Rama Pflanzencreme, Salz und Zucker abschmecken.

3 Zum Schluss die Sauce von Team Filet kontrollieren.

Gemüse, Pasta & Co

Amici – venite mangiare la pasta!
Bei einem Vino Rosso lässt sich heftig
diskutieren, wie man Oregano
denn nun richtig ausspricht – mit
Betonung auf dem e oder auf
dem a? Noch ein Glas…!
Geschichten von Sommer, Sonne
und Meer. Und mehr! Da werden
Urlaubserinnerungen wach.
Und vielleicht kann man doch
gleich den nächsten Urlaub mal
gemeinsam planen!
Ins Land der Pasta zum Beispiel…

Gemüse aus dem Wok

Zutaten für 4 hungrige Köche

Team Lauch:

400 g	Möhren
1	Zwiebel
200 g	Zuckerschoten
2	rote Paprikaschoten
1 Stange	Lauch
250 g	Sojasprossen

Team Ingwer:

1/2 kl.	Ingwerknolle
200 g	Shiitake-Pilze

Außerdem:
Rama Pflanzencreme
100 ml Gemüsebrühe, 2 EL Honig,
Currypulver, Sojasauce oder Ketjab
Manis

Zubereitungszeit: 45 Minuten
Pro Portion etwa: 350 kcal/1465 kJ

Team Lauch:

1 Die Möhren waschen und schälen. Die Zwiebel schälen. Die Zuckerschoten waschen und putzen. Alles an Team Ingwer weiterleiten.

2 Die Paprika waschen, vierteln, putzen und in dünne Streifen schneiden. Den Lauch längs halbieren, gründlich waschen, in etwa 5 cm lange Stücke teilen und diese längs in dünne Streifen schneiden. Die Sojasprossen abbrausen.

Team Ingwer:

1 Den Ingwer schälen und fein reiben. Die Möhren in dünne schräge Scheiben schneiden (oder auf der groben Seite der Küchenreibe in Streifen hobeln). Die Zwiebel in Würfel schneiden. Die Shiitake-Pilze putzen und die Stiele abschneiden. Den Wok oder eine große Pfanne erhitzen.

Zusammen:

1 1–2 EL Rama Pflanzencreme in den Wok geben. Möhren, Zuckerschoten, Paprika, Shiitake und Zwiebel dazugeben und gut anbraten.

2 Dann den Lauch mitbraten und mit der Brühe auffüllen. Ingwer, Honig, etwas Curry und Sojasauce dazugeben, nochmal durchrühren und abschmecken. Falls Sie das mögen, ruhig etwas schärfer würzen.

Spargel in Zitronencreme
mit Kartoffeln

Zutaten für 4 hungrige Köche

Team Kartoffeln:

1 kg	kleine Kartoffeln
4 Stängel	Estragon
	Zitronensaft

Team Spargel:

1,2 kg	Spargel
1/2	Zitrone

Außerdem:

Salz, Pfeffer, Zucker
Rama Pflanzencreme

Zubereitungszeit: 1 Stunde
Pro Portion etwa: 490 kcal/2050 kJ

Team Kartoffeln:

1 Die Kartoffeln gründlich waschen, dünn schälen und in Salzwasser zugedeckt garen. Sobald die Kartoffeln gar sind, abgießen und 2 EL Rama Pflanzencreme an die Kartoffeln geben.

2 Während die Kartoffeln garen, eventuell dem Team Spargel beim Schälen helfen.

3 Die Estragonblättchen abzupfen und grob hacken. 100 ml Rama Pflanzencreme in einem kleinen Topf erhitzen und 1/2 – 1 EL Zitronensaft dazugeben. Mit Salz, Pfeffer und Zucker würzen. Zum Schluss den Estragon in die Pflanzencreme geben.

Team Spargel:

1 In einem großen Topf (oder dem Spargeltopf) Wasser mit Salz, 1 Prise Zucker, 3 EL Rama Pflanzencreme und der Zitrone zum Kochen bringen.

2 Die Spargel mit einem Sparschäler gründlich schälen und die holzigen Enden abschneiden. Die Spargel im kochenden Wasser gute 10 Min. garen. Ab und zu mal einen Spargel heraus nehmen und am Ende testen, ob er gar ist. Die Spargel abgießen, in eine Schüssel geben und 1 EL Rama Pflanzencreme darüber geben.

3 Mit den Kartoffeln und der Zitronen-Estragon-Creme anrichten.

Auberginen-Saltimbocca
mit Knoblauchquark

Zutaten für 4 hungrige Köche

Team Auberginen:

3 schmale	Auberginen
20 Scheiben	Parmaschinken
20	Salbeiblätter
3 – 4 EL	Rama Pflanzencreme
	Zahnstocher

Team Quark:

1	Knoblauchzehe
1 Bund	Schnittlauch
1	Limette
250 g	Magerquark
150 g	Crème fraîche
	Cayennepfeffer, Zucker

Außerdem:

Salz, Pfeffer

Zubereitungszeit: 1 Stunde
Pro Portion etwa: 480 kcal/2010 kJ

Team Auberginen:

1 Die Auberginen waschen und längs in 20 fingerdicke Scheiben schneiden.

2 Den Schinken auf der Arbeitsfläche nebeneinander ausbreiten und jeweils mit 1 Salbeiblatt belegen. Darauf je 1 Auberginenscheibe legen und diese im Schinken einschlagen. Mit Zahnstochern befestigen.

3 In einer Pfanne 3 EL Rama Pflanzencreme erhitzen und die Auberginen darin bei mittlerer Hitze von jeder Seite etwa 4 Min. braten. Mit wenig Salz und Pfeffer würzen.

Team Quark:

1 Den Knoblauch schälen, grob schneiden und mit 1 guten Prise Salz vermengen. Jetzt mit der flachen Messerseite den Knoblauch und das Salz verreiben bzw. mit etwas Druck quetschen. Den Schnittlauch waschen und klein schneiden. Die Limette auspressen.

2 Alles mit dem Quark und der Crème fraîche in eine Schüssel geben und verrühren. Den Quark mit Cayennepfeffer und 1 Prise Zucker abschmecken.

Maisplätzchen
mit Kräutercreme

Zutaten für 4 hungrige Köche

Team Mais

1 Dose	Maiskörner (400 g Inhalt)
1	Knoblauchzehe
4	Eier
1	Zwiebel
130 g	Mehl
	Zucker

Team Creme:

1 Bd.	Schnittlauch
1 Bd.	Petersilie
250 g	Crème fraîche
150 g	saure Sahne
	Cayennepfeffer

Zusammen:

Rama Pflanzencreme
Salz, Pfeffer

Zubereitungszeit: 30 Minuten
Pro Portion etwa: 735 kcal/3075 kJ

Team Mais:

1 Den Mais aus der Dose befreien, abbrausen und abtropfen lassen. Den Knoblauch halbieren. 1 Hälfte an das Team Creme weiterreichen, mit der anderen eine große Schüssel ausreiben. Die Eier darin verquirlen und den Mais dazugeben. Die Zwiebel schälen, in kleine Würfel schneiden und in die Schüssel geben. Nun das Mehl dazugeben und alles vermengen. Gegebenenfalls noch 1 Löffel Mehl mehr mit dazugeben, falls die Masse noch nicht fest ist. Mit Salz, Pfeffer und 1 Prise Zucker abschmecken.

Team Creme:

1 Schnittlauch und Petersilie waschen und beides klein schneiden. Mit der zweiten Knoblauchhälfte von Team Mais eine kleine Schüssel ausreiben und die Crème fraîche und die saure Sahne hineinfüllen. Die Kräuter untermengen und mit Salz und Cayenne abschmecken. Zur Sicherheit ruhig Team Mais auch probieren lassen.

Zusammen:

1 In einer großen Pfanne 3 EL Rama Pflanzencreme erhitzen. Den Maisteig esslöffelweise als Fladen in die Pfanne setzen. Eventuell mit zwei Pfannen arbeiten. Die Plätzchen von beiden Seiten bei mittlerer bis starker Hitze in je 3 Min. goldgelb braten und vielleicht noch einmal nachwürzen.

Tipp:

Dazu einen frischen grünen Salat reichen.

Spinatquiche
mit Ziegenkäse

Zutaten für 1 Springform (20 cm Ø)

Gastgeber und Team Teig:

250 g	Mehl
1	Ei
	Mehl zum Bestäuben

Team Spinat:

250 g	TK-Spinat
1	Zwiebel
50 g	Speck
3 – 4	Eier
250 g	Sahne
150 g	Ziegenkäse

Außerdem:
Rama Pflanzencreme
Salz, Pfeffer, Muskatnuss

Zubereitungszeit: 40 Minuten
Ruhezeit: 1 Stunde
Backzeit: 45 Minuten

Bei 4 Köchen pro Portion etwa:
860 kcal/3600 kJ

Gastgeber:

1 Er sollte 1 Std. vor Beginn den Teig zubereiten und den Spinat aus dem Tiefkühlgerät holen oder einen Mitkocher anrufen, der den Spinat mitbringt.

2 Mehl, 100 ml Wasser, 80 ml Rama Pflanzencreme, das Ei und 1/2 TL Salz in eine Schüssel geben und mit dem Knethaken des Handrührgeräts zu einem festen Teig verarbeiten. Den Teig abdeckt an einem kühlen Ort 1 Stunde ruhen lassen.

Team Teig:

1 Die Springform mit Rama Pflanzencreme auspinseln und mit etwas Mehl bestäuben. Den Teig auf einer bemehlten Arbeitsfläche etwa 1/2 cm dünn ausrollen und mit Mehl bestäuben. Vorsichtig den Teig auf das Nudelholz aufrollen und in die Form abrollen. Etwas andrücken, besonders den Rand, und dabei darauf achten, dass keine Risse im Teig sind.

Team Spinat:

1 Den Backofen auf 200° vorheizen. Den aufgetauten Spinat gut ausdrücken und grob hacken. Die Zwiebel schälen und mit dem Speck in kleine Würfel schneiden.

2 In einer Pfanne 1 EL Rama Pflanzencreme erhitzen und Speck und Zwiebel darin anbraten. Den Spinat für etwa 4 Min. dazugeben, mit Salz, Pfeffer und Muskat gut würzen und vom Herd nehmen.

3 Eier und Sahne verquirlen. Den Käse klein schneiden und dazugeben, ebenso den Spinat. Alles vermengen, noch einmal abschmecken und dann in die Form füllen.

4 Im Backofen möglichst mit Umluft (sonst bei 220°, Mitte) etwa 45 Min. backen.

Tipps:

Pinienkerne passen sehr gut mit dazu.

Wenn es mal schnell gehen muss, können Sie auch eine Fertigteigmischung verwenden.

Für Vegis ohne Speck hervorragend geeignet.

Wenn Sie die Quiches in mehreren kleinen Formen backen, verkürzt sich die Backzeit etwa um 10 Min.

Pilzrisotto

Zutaten für 4 hungrige Köche

Team Risotto:

1 Flasche	trockener Weißwein
300 g	Risottoreis
5 EL	Rama Pflanzencreme

Team Pilze:

50 g	getrocknete Pilze
3	Schalotten
80 g	Parmesan

Außerdem:
1 l Brühe, Salz, Pfeffer

Zubereitungszeit: 1 Stunde
Pro Portion etwa: 530 kcal/2220 kJ

Tipp:

Als Beilage einen Salat reichen.

Team Risotto:

1 Die Flasche Wein öffnen, 200 ml abmessen und den restlichen Wein auf vier Gläser aufteilen – Prost! Team Risotto darf den Wein noch genießen, dann den Reis gründlich waschen.

2 Einen größeren Topf mit Rama Pflanzencreme bei mittlerer Hitze aufstellen. Die Schalottenwürfel von Team Pilze darin dünsten. Den Reis hinzufügen und glasig dünsten. Ab und zu mit einem Holzlöffel umrühren und darauf achten, dass er keine Farbe nimmt. Mit Weißwein ablöschen. Den Wein etwas einkochen lassen. Team Pilze gibt nun die eingeweichten Pilze in den Topf. Mit etwa 1/4 l Brühe auffüllen und köcheln lassen. Sobald die Brühe weniger wird, wieder 1/4 l nachgießen. Auf diese Weise auch die Pilzbrühe verwenden. Wenn die gesamte Brühe verkocht ist, ist der Reis gar (er darf ruhig etwas Biss haben).

Team Pilze:

1 Sie müssen sofort anfangen: Die Pilze in 1/2 l Brühe einweichen, bis sie weich sind.

2 Die Schalotten schälen, in kleine Würfel schneiden und an Team Risotto übergeben. Die eingeweichten Pilze aus der Brühe angeln und in den Risottotopf (Team Risotto) geben. Die Brühe durch einen Kaffeefilter gießen und auch an Team Risotto geben. Den Parmesan fein reiben.

3 Mit aufpassen, dass das Risotto nicht ansetzt, ab und zu mal umrühren und gegebenenfalls die Temperatur zurückschalten. Falls es noch zu bissfest sein sollte, etwas Wasser angießen und weiter köcheln. Das Risotto zum Schluss mit Pfeffer würzen und den Parmesan dazugeben.

Zusammen:

Sollte der Reis etwas länger brauchen, sollte man über das Öffnen einer zweiten Flasche Wein nachdenken...

Serviettenknödel
mit Champignonsauce

Zutaten für 4 hungrige Köche

Team Knödel:

4	Schalotten
100 g	Speck
400 ml	Milch
500 g	altbackene Brötchen
50 g	gemischte Kräuter (TK oder frisch)
6	Eier

Team Champignons:

400 g	Champignons
2	Schalotten
1 Bd.	Schnittlauch
200 ml	kräftige Brühe
250 g	Sahne
2 TL	Speisestärke

Außerdem:

Rama Pflanzencreme
Salz, Pfeffer, Muskatnuss,
2 Stoffservietten oder Küchentücher,
Küchengarn

Zubereitungszeit: 50 Minuten

Pro Portion etwa: 1035 kcal/4330 kJ

Team Knödel:

1 Schalotten schälen und mit dem Speck in feine Würfel schneiden. In einer Pfanne in 1 EL Rama Pflanzencreme anbraten.

2 Die Milch erwärmen. Das Brot in Würfel schneiden und mit der Milch übergießen. Mit Salz, Pfeffer und Muskat würzen. Speck, Zwiebeln und Kräuter dazugeben. Eier mit unter die Masse arbeiten. Den Teig etwas quellen lassen.

3 Die Servietten oder Küchentücher auswaschen. Die Tücher auf der Arbeitsfläche ausbreiten, die Masse der Länge nach auf dem unteren Drittel der Tücher verteilen, dabei an den Rändern etwas Platz lassen. Die Tücher umschlagen, die Masse fest andrücken und rund formen. Jetzt unter Druck einrollen und die Enden mit Küchengarn verschließen. Auch die Rolle umwickeln, damit beim Kochen die runde Form erhalten bleibt.

4 Die Teigrolle in das kochende Wasser von Team Champignons legen und bei schwacher Hitze etwa 20 Min. garen.

Team Champignons:

1 Einen großen Topf oder Bräter mit einer Handbreit Wasser für die Knödel aufstellen. Jetzt erst einmal Team Knödel beim Brotschneiden helfen.

2 Die Champignons putzen und vierteln. Schalotten schälen und in kleine Würfel schneiden. Schnittlauch waschen und in dünne Ringe schneiden.

3 Drei EL Rama Pflanzencreme erhitzen und darin die Schalotten und die Champignons gut anbraten. Mit der Brühe ablöschen und einmal aufkochen lassen. Mit der Sahne auffüllen. Mit Salz und Pfeffer würzen. Die kochende Sauce mit etwas angerührter Speisestärke andicken. Zum Schluss den Schnittlauch dazugeben.

Zusammen:

Die Knödelrolle aus dem Wasser fischen, vorsichtig aufrollen und in Scheiben schneiden. Sofort mit der Sauce servieren.

Tipps:

Sollten Knödel übrig bleiben (was fast nie der Fall ist), schmecken sie am nächsten Tag in etwas Rama Pflanzencreme angebraten fast noch mal so gut! Also kann man auch mal überlegen, die doppelte Menge zuzubereiten.

Und: ohne Speck auch ein super Vegi-Rezept.

Gnocchi mit Tomaten und Basilikum

Zutaten für 4 hungrige Köche

Gastgeber

900 g mehlig kochende Kartoffeln

Team Gnocchi:

200 g Mehl
80 g Hartweizengrieß
2 Eigelb
  Mehl für die Arbeitsfläche

Team Sauce:

2 Schalotten
1 Knoblauchzehe
250 g Kirschtomaten
1 Bund Basilikum
80 g Parmesan, frisch gerieben
  Rama Pflanzencreme

Außerdem:

Salz, Muskatnuss, Pfeffer

Zubereitungszeit: 1 Stunde
Pro Portion etwa: 540 kcal/2260 kJ

Gastgeber:

Etwa 30 Min. vor Eintreffen der Gäste/Köche die gewaschenen Kartoffeln in einem Topf mit Wasser und 1 guten Prise Salz 20 – 25 Min. garen, dann abgießen und ausdampfen lassen.

Zusammen:

Erst einmal die Kartoffeln pellen. Später gemeinsam die Gnocchi formen.

Team Gnocchi:

1 Die Kartoffeln durch eine Kartoffelpresse in eine Schüssel drücken. Mehl, Grieß und Eigelbe unterarbeiten. Mit Salz und Muskat würzen.

2 Den Teig in 4 Teile teilen und auf der mit Mehl bestäubten Arbeitsfläche zu einer etwa 3 cm dicken Rolle formen. Jede in fingerdicke Scheiben schneiden.

3 Die Handflächen mit Mehl bestäuben und dazwischen die Gnocchi formen bzw. rollen. In der Handfläche liegen lassen und mit einer Gabel das typische Muster hineindrücken.

4 Wenn alle Gnocchi fertig sind, kommen sie ins kochende Wasser. Sobald sie oben schwimmen, noch 2 Min. ziehen lassen, dann abgießen und in die Pfanne von Team Sauce geben.

Team Sauce:

1 Einen großen Topf mit Wasser und 1 guten Prise Salz für die Gnocchi aufstellen.

2 Schalotten und Knoblauch schälen und in kleine Würfel schneiden. Tomaten waschen und halbieren. Basilikum waschen, Blättchen abzupfen und grob schneiden. Alles erst einmal zur Seite stellen. Team Gnocchi bei den Gnocchi helfen.

3 In einer große Pfanne 1 guten Schuss Rama Pflanzencreme erhitzen und darin Knoblauch und Schalotten anbraten. Die garen Gnocchi und die Tomaten 2 Min. mitbraten. Basilikum und Parmesan hinzufügen. Die Sauce gemeinsam noch einmal abschmecken.

Spinatlasagne
mit Tomatensauce

Zutaten für 4 hungrige Köche

Team Spinat:

4	Tomaten
300 g	TK-Blattspinat (aufgetaut)
1	Zwiebel
1	Knoblauchzehe

Team Béchamel:

2 EL	Mehl
300 ml	Milch
	gekörnte Brühe
100 g	Parmesan, frisch gerieben

Zusammen:

	Rama Pflanzencreme
	Salz, Pfeffer, Muskatnuss, Zucker
1	Zwiebel
1	Knoblauchzehe
1 kl. Dose	Tomaten (400 g)
	Kräuter der Provence
2 TL	Speisestärke
200 g	Lasagneblätter (ohne Vorkochen)
50 g	Parmesan, frisch gerieben

Zubereitungszeit: 30 Min.
Backzeit: 30 Min.
Pro Portion etwa: 510 kcal/2135kJ

Team Spinat:

1 Die Tomaten würfeln, dabei die Stielansätze entfernen. Den aufgetauten Spinat gründlich ausdrücken. Zwiebel und Knoblauch schälen und in kleine Würfel schneiden.

2 Einen Topf mit 1 EL Rama Pflanzencreme aufstellen und darin Zwiebel und Knoblauch anbraten. Den Spinat dazugeben und etwas angehen lassen. Die Tomatenwürfel hinzufügen und etwas einkochen lassen. Mit Salz und Pfeffer würzen.

Team Béchamel:

1 Einen EL Rama Pflanzencreme erhitzen. Das Mehl hineinsieben und rühren, bis sich beides verbindet. Die kalte Milch aufgießen und unter Rühren aufkochen lassen, bis die Flüssigkeit andickt. Mit 1 Prise gekörnter Brühe, Salz und Muskat würzen. Jetzt 100 g Parmesan unter die Sauce rühren.

Zusammen:

1 Den Backofen auf 180° vorheizen. Zwiebel und Knoblauch schälen und in kleine Würfel schneiden. In 1/2 EL Rama Pflanzencreme anbraten. Die Dosentomaten dazugeben. Um etwa ein Drittel einkochen lassen, dabei das Umrühren nicht vergessen. Mit 1 Prise Zucker, Salz und Kräutern der Provence würzen. Die Sauce mit der angerührter Speisestärke andicken.

2 Schichtweise Béchamelsauce, Spinat, Tomatensauce und Lasagneblätter in eine Auflaufform füllen. Den restlichen Parmesan zum Schluss darüber streuen. Die Lasagne im Backofen (Mitte, Umluft 160°) etwa 30 Min. backen.

Capellini mit Shrimps
und Zuckerschoten

Zutaten für 4 hungrige Köche

Team Pasta:

400 g	Capellini-Nudeln oder Spaghetti
150 g	Zuckerschoten

Team Sauce:

1	Zwiebel
1	Knoblauchzehe
100 ml	Gemüsebrühe
200 g	Sahne
1–2 TL	Speisestärke
50 g	Parmesan, frisch gerieben
200 g	Shrimps/Krabben (frisch oder TK und aufgetaut)

Außerdem:
Rama Pflanzencreme
Salz, Pfeffer

Zubereitungszeit: 20 Minuten
Pro Portion etwa: 720 kcal/3015 kJ

Team Pasta:

1 Die Nudeln in reichlich Salzwasser laut Packungsangabe »al dente« kochen.

2 Die Zuckerschoten waschen, putzen und schräg halbieren.

3 Dem anderen Team bei der Sauce auf die Finger schauen.

4 Die fertigen Nudeln abgießen, mit 2 EL Rama Pflanzencreme vermengen und in eine Servierschüssel geben.

Team Sauce:

1 Zwiebel und Knoblauch schälen und in kleine Würfel schneiden.

2 Einen EL Rama Pflanzencreme erhitzen und beides darin anbraten. Mit der Brühe auffüllen, einmal aufkochen lassen und die Zuckerschoten (vom Team Pasta) dazugeben. Dann die Sahne hinzufügen und nochmals aufkochen lassen.

3 Die Speisestärke in etwas kaltem Wasser anrühren und in der Sauce aufkochen lassen. Den Parmesan unter die Sauce rühren, nicht mehr kochen. Mit Pfeffer und eventuell Salz würzen. Zum Schluss die Shrimps in die fertige Sauce geben und alles über die heißen Nudeln schütten.

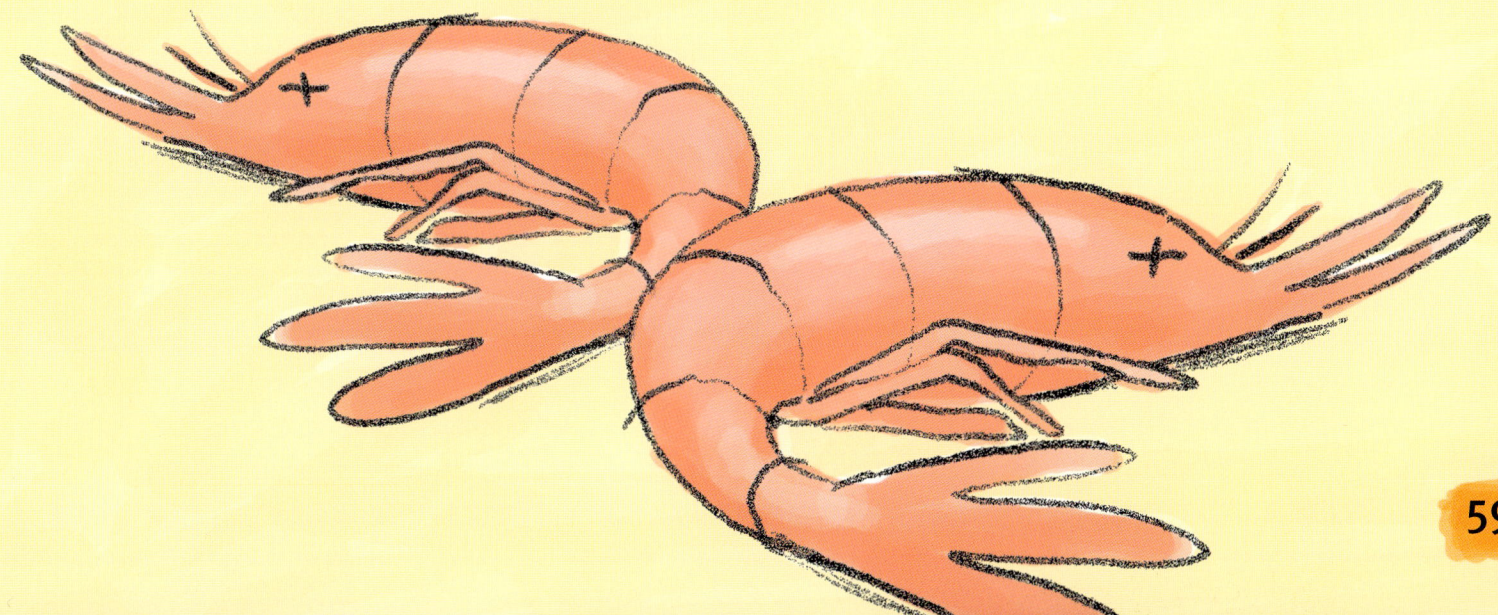

Zucchinipiccata
mit Nudeln

Zutaten für 4 hungrige Köche

Team Zucchini:

4	**Eier**
150 g	**Parmesan, frisch gerieben**
3	**Zucchini (mittelgroß)**
	Mehl zum Wenden

Team Nudeln:

2	**Schalotten**
1	**Knoblauchzehe**
8	**große Strauchtomaten**
1	**Zweig Thymian**
	Aceto balsamico
400 g	**Capellini-Nudeln oder Spaghetti**

Außerdem:

Rama Pflanzencreme
Salz, Pfeffer, Zucker, Muskatnuss

Zubereitungszeit: 30 Minuten
Pro Portion etwa: 775 kcal/3245 kJ

Team Zucchini:

1 Einen großen Topf mit Salzwasser für die Nudeln zum Kochen bringen.

2 Die Eier verquirlen und mit dem Parmesan vermengen. Etwa 10 Min. stehen lassen, bis die Masse dickflüssig wird.

3 Zucchini waschen und in fingerdicke Scheiben schneiden. In einer großen Pfanne 3–4 EL Rama Pflanzencreme erhitzen. Die Zucchini in Mehl wenden, durch die Parmesan-Ei-Masse ziehen und bei mittlerer Hitze von jeder Seite in etwa 3 Min. goldgelb braten (fertige Zucchini im Backofen warm stellen). Mit wenig Salz und Pfeffer würzen und im Backofen warm stellen.

Team Nudeln:

1 Die Schalotten und den Knoblauch schälen und in feine Würfel scheiden. Die Tomaten waschen und grob würfeln, dabei die Stielansätze entfernen. Vom Thymian die Blättchen abzupfen.

2 In einem Topf 1 EL Rama Pflanzencreme erhitzen und darin Thymian, Schalotten und Knoblauch anbraten. Mit etwas Aceto balsamico ablöschen, dann die Tomaten dazugeben und einkochen lassen. Mit Salz, Pfeffer und 1 Prise Zucker abschmecken.

3 Zwischendurch die Nudeln laut Packungsangabe im Wasser von Team Zucchini kochen. Die Nudeln in ein Sieb abgießen, wieder in den Topf geben und mit Rama Pflanzencreme, Salz und Muskat abschmecken.

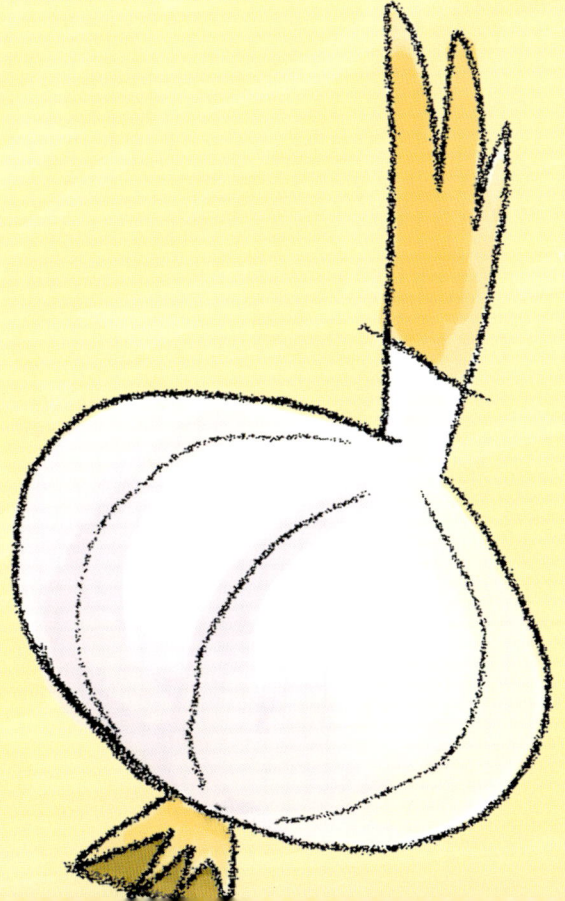

Desserts & Kuchen

Honeypie, you are making me crazy!
So süß, so verführerisch – simply a
Sweetheart. Hab' ich Euch schon
von ihm erzählt? Sooo süß!! – Gib mir
einfach noch ein Stück...

Crêpes mit Heidelbeeren und Vanillequark

Zutaten für 4 hungrige Köche

Team Crêpes:

4	Eier
100 ml	Milch
3 EL	Mehl
	Salz
100 g	Zucker
80 ml	Rotwein (oder Fruchtsaft)
500 g	TK-Heidelbeeren (aufgetaut)
2 TL	Speisestärke

Team Quark:

500 g	Magerquark
80 g	Zucker
1 Pk.	Vanillezucker
1	Vanilleschote
1	unbehandelte Orange
1	unbehandelte Zitrone

Außerdem:
Puderzucker
Rama Pflanzencreme

Zubereitungszeit: 30 Minuten
Pro Portion etwa: 660 kcal/2760 kJ

Team Crêpes:

1 Eier, Milch, Mehl, 1 EL Puderzucker, 1 EL Rama Pflanzencreme und 1 Prise Salz in einer Schüssel mit dem Schneebesen verrühren, stehen lassen.

2 In einem Topf 100 g Zucker unter Rühren bei mittlerer Hitze erst flüssig und dann braun werden lassen (karamellisieren). Mit dem Rotwein ablöschen, aufkochen lassen und die Heidelbeeren dazugeben. Speisestärke in wenig kaltem Wasser anrühren, dazugeben und nochmal aufkochen lassen. Dann beiseite stellen.

3 In einer größeren (möglichst beschichteten) Pfanne einen kleinen Schuss Rama Pflanzencreme erhitzen. Etwa ein Viertel des Teigs in die Mitte der Pfanne schöpfen und gleichmäßig verteilen. Die Crêpe nur von einer Seite goldgelb braten, herausnehmen und auf einem Teller warm stellen. Drei weitere Crêpes backen.

Team Quark:

1 Quark in eine Schüssel geben und 80 g Zucker und den Vanillezucker dazugeben. Die Vanilleschote längs halbieren, das Mark herauskratzen und zum Quark geben. Die Orange und Zitrone heiß waschen und abtrocknen. Ein wenig von den Schalen fein abreiben und zum Quark geben. Den Quark jetzt noch mit etwas Saft von der Orange und Zitrone abschmecken.

3 Team Crêpes beim Crêpesbacken helfen, so kann auch jeder seine eigene Crêpe backen und auf Tipps der anderen hören.

Zusammen:

1 Die Crêpes ausbreiten, den Quark in die Mitte füllen und die Crêpes einschlagen. Auf einen Teller legen und mit Puderzucker bestreuen. Jetzt die Heidelbeeren über die Crêpes geben.

Apfelpfannkuchen

Zutaten für 4 hungrige Köche

Team Apfel:

3	Äpfel
50 g	Zucker
50 g	Mandelblätter
50 g	Rosinen
4 cl	Calvados nach Belieben

Team Pfannkuchen:

4	Eier
1 Pk.	Vanillezucker
150 ml	Milch
150 g	Mehl

Außerdem:
Rama Pflanzencreme
Salz, Puderzucker

Zubereitungszeit: 25 Minuten
Pro Portion etwa: 610 kcal/2255 kJ

Team Apfel:

1 Den Backofen auf 200° vorheizen. Die Äpfel schälen, vierteln, entkernen und in 2–3 cm große Stücke schneiden.

2 Den Zucker und 2 EL Rama Pflanzencreme in eine große ofenfeste (!) Pfanne geben und bei mittlerer Hitze schmelzen lassen. Äpfel, Mandeln und Rosinen dazugeben. Etwas angehen lassen und mit Calvados ablöschen.

3 Auf Team Pfannkuchen warten...

Team Pfannkuchen:

1 Die Eier trennen. Die Eiweiße mit dem Vanillezucker steif schlagen. Die Eigelbe mit der Milch verrühren. 2 EL Rama Pflanzencreme in die Milch geben, das Mehl und 1 Prise Salz unterrühren und den Eischnee vorsichtig unterheben.

2 Mit der Schüssel zu Team Apfel gehen und die Masse in die Pfanne über die Äpfel füllen. Den Pfannkuchen im Backofen möglichst mit Umluft (Mitte, Ober- und Unterhitze 220°) in etwa 12 Min. goldgelb backen. Mit Puderzucker bestreuen und in der Pfanne servieren.

Tipp:

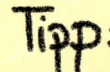

Sie können die Äpfel auch in sehr dünnen Scheiben in die Pfanne legen und anbraten.

Winterlicher Kaiserschmarrn

Zutaten für 4 hungrige Köche

Team Kaiser:

4	Eier
6 EL	Zucker
240 g	Mehl
	Salz
1/2 TL	Lebkuchengewürz

Team Winter:

200 ml	Milch
30 ml	Rama Pflanzencreme
50 g	Mandelstifte
60 g	Rosinen
1 EL	flüssiger Honig
	Puderzucker

Zubereitungszeit: 30 Minuten
Pro Portion etwa: 535 kcal/2240 kJ

Team Kaiser:

1 Die Eier trennen und die Eigelbe an Team Winter weitergeben. Die Eiweiße mit dem Zucker steif schlagen.

2 Das Mehl mit 1 Prise Salz und dem Lebkuchengewürz mischen. Das Mehl mit der Eigelb-Milch vom Team Winter vermengen und den Eischnee unterheben. Es dürfen oder sollten ruhig noch Eischneeflocken zu sehen sein, also nicht zu heftig rühren.

Team Winter:

1 Die Eigelbe vom Team Kaiser mit der Milch verrühren.

2 Zwei große (am besten beschichtete) Pfannen mit Rama Pflanzencreme aufstellen und darin die Mandelstifte goldgelb rösten.

3 Sobald Team Kaiser fertig ist, kommt der Teig in die heißen Pfannen. Die Rosinen über den Teig streuen und die Masse bei mittlerer Hitze etwas Farbe nehmen lassen. Jetzt mit zwei Holzlöffeln den Teig kreuz und quer zerzupfen und dabei von allen Seiten goldgelb garen.

4 Den fertigen Schmarrn mit dem Honig vermischen und dann noch etwas »Schnee«, also Puderzucker, bestreuen.

Tipp:

Falls Sie kein Lebkuchengewürz zur Hand haben, Zimt, Honig und Rumaroma verwenden.

67

Ananas-Kokos-Beignets
mit Schokosauce

Zutaten für 4 hungrige Köche

Team Beignets:

2	Eier
40 g	Zucker
125 g	Weißwein
125 g	Mehl
50 g	Kokosflocken
	Salz
150 ml	Rama Pflanzencreme
	Mehl zum Bestäuben

Team Schoko:

1	Ananas
60 g	Blockschokolade
125 ml	Milch
125 g	Sahne
40 g	Zucker
1–2 TL	Speisestärke
	Puderzucker zum Bestäuben

Zubereitungszeit: 30 Minuten
Pro Portion etwa: 740 kcal/3095 kJ

Team Beignets:

1 Die Eier trennen und die Eiweiße mit dem Zucker steif schlagen. Eigelbe und Weißwein mit einem Schneebesen vermengen. Mehl, Kokosflocken, 1 Prise Salz und den Eischnee vorsichtig unter die Flüssigkeit geben.

2 Eine große Pfanne mit 100 ml Rama Pflanzencreme heiß werden lassen. Die Ananasscheiben vom Team Schoko von beiden Seiten mit etwas Mehl bestäuben, durch den Ausbackteig ziehen und in der Pfanne bei mittlerer Hitze von beiden Seiten in je etwa 3 Min. goldgelb backen. Auf Küchenpapier abtropfen lassen. Für die nächste Backrunde die restliche Rama Pflanzencreme in die Pfanne geben.

Team Schoko:

1 Die Ananas schälen, in fingerdicke Scheiben schneiden und den Strunk in der Mitte entfernen. Ananas an Team Beignets weiterleiten.

2 Die Schokolade grob zerschneiden und in einem Topf mit der Milch, der Sahne und dem Zucker zum Kochen bringen. Die Speisestärke mit etwas kalter Milch anrühren, in die Sauce rühren und nochmal kochen lassen.

3 Die fertigen Beignets mit Puderzucker bestäuben und mit der Sauce anrichten.

Tipps:

Dazu passt prima eine Kugel Eis.

Ananas aus der Dose sind für dieses Gericht nicht unbedingt zu empfehlen.

Gebratene Grießschnitten
mit Kirschen

Zutaten für 4 hungrige Köche

Team Grießschnitten:

3	Eier
1/2 l	Milch
60 g	Zucker
	Salz
1 Pk.	Vanillezucker (oder Vanillearoma)
	abgeriebene Schale von 1/2 Zitrone
150 g	Grieß

Team Kirschen:

	Backpapier
300 g	Kirschen (aus dem Glas)
100 g	Zucker
1 EL	Speisestärke
	Zimtpulver
2–4 cl	Kirschwasser oder Rum nach Belieben

Außerdem:
Rama Pflanzencreme

Zubereitungszeit: 30 Minuten
Kühlzeit: 1 Stunde
Pro Portion etwa: 260 kcal/2345 kJ

Team Grießschnitten:

1 Die Eier verquirlen. Milch, Zucker, 1 Prise Salz, Vanillezucker, 1 EL Rama Pflanzencreme und die Zitronenschale in einem Topf zum Kochen bringen. Den Grieß hinzufügen und unter Rühren etwa 2 Min. köcheln lassen.

2 Den Topf vom Herd nehmen und die Eier unter die Masse rühren. Die Masse in die gefettete Form (kommt vom Team Kirschen) füllen und 1 Stunde in den Kühlschrank stellen.

3 Die abgekühlte Masse aus der Form stürzen und in Rauten schneiden. Eine Pfanne mit Rama Pflanzencreme aufstellen und darin die Rauten bei mittlerer Hitze von beiden Seiten goldgelb braten. Auf Küchenpapier entfetten und mit Zimt-Zucker (vom Team Kirschen) bestreuen.

Team Kirschen:

1 Eine rechteckige Form mit etwas Rama Pflanzencreme einpinseln und mit Backpapier auskleiden, so dass das Papier an den Rändern noch übersteht. Das Papier ebenfalls gründlich einfetten. Die Form an Team Grießschnitten weiter leiten.

2 Sobald das andere Team mit dem Braten beginnt, die Kirschen abgießen und den Saft auffangen. Diesen bis auf 2 EL in einem Topf mit 80 g Zucker zum Kochen bringen. Die Speisestärke mit dem restlichen Saft anrühren und kurz mitkochen. Die Kirschen hineingeben und mit etwas Zimt und nach Belieben dem Kirschwasser oder Rum abschmecken.

3 Restlichen Zucker mit Zimt vermengen und Team Grießschnitten unter die Arme greifen.

Tipp:

Dazu frisch geschlagene Sahne servieren.

Schokoladensouffles
in der Tasse

Zutaten für 4 hungrige Köche

Team Tasse:

4	ofenfeste Tassen
	Rama Pflanzencreme zum Auspinseln
	Zucker zum Bestäuben
30 g	Zartbitterschokolade
50 g	Bisquit (am besten Schokolade)
15 g	Kakaopulver
	Salz
30 g	gehackte Mandeln

Team Souffles:

2	Eier
60 g	Zucker
60 ml	Rama Pflanzencreme
2 cl	Rum nach Belieben

Zubereitungszeit: 45 Minuten
Pro Portion etwa: 370 kcal/1550 kJ

Team Tasse:

1 Die Tassen mit Rama Pflanzencreme auspinseln und mit Zucker bestäuben. Eine Pfanne mit heißem Wasser in den Backofen auf den Boden stellen und diesen auf 180° vorheizen.

2 Schokolade und Bisquit fein mahlen. Mit dem Kakao, 1 Prise Salz und Mandelgrieß vermengen. Die Schüssel an Team Souffles weiterleiten.

Team Souffles:

1 Die Eier trennen. Eiweiße mit der Hälfte des Zuckers steif schlagen. Eigelbe mit restlichem Zucker und der Pflanzencreme cremig schlagen. Den Rum und die Zutaten von Team Tasse untermengen. Den Eischnee vorsichtig unterheben.

2 Die Masse in die Tassen füllen, dabei etwa ein Drittel der Tassen frei lassen. Die Tassen in die Pfanne mit dem Wasser stellen und die Souffles etwa 18 Min. im Backofen backen. Zur Sicherheit mit einem Holzspieß testen, ob die Souffles gar sind.

3 Die fertigen Souffles nach Belieben mit Kakao überstäuben.

Tipp:

Den Ofen erst nach Ende der Backzeit öffnen, damit die Souffles nicht zusammenfallen.

73

Birnen-Marzipan-Strudel

Zutaten für 4 hungrige Köche

Team Strudel:

500 g	Mehl
8 EL	Rama Pflanzencreme
2	Eier
	Rama Pflanzencreme zum Einfetten

Team Birne:

	Backpapier
1 kg	Birnen
	Zitronensaft
	Zimtpulver
100 g	Marzipanrohmasse
50 g	Mandelblätter
50 g	Rosinen

Zubereitungszeit: 30 Minuten
Ruhezeit: 30 Minuten
Backzeit: 40 Minuten

Pro Portion etwa: 950 kcal/3975 kJ

Team Strudel:

1 Mehl mit 6 EL Wasser, Rama Pflanzencreme, 1 Ei und 1 Prise Salz verkneten. Klarsichtfolie mit Rama Pflanzencreme einfetten, den Teig hineinwickeln und 30 Min. ruhen lassen.

2 Den Teig auf einer bemehlten Arbeitsfläche mit dem Nudelholz so dünn wie möglich ausrollen (wie ein Blatt Papier). Dann über den Handrücken (eventuell zu zweit) noch größer ziehen. Aufpassen, dass er nicht reißt! Den Teig vorsichtig auf ein ausgebreitetes Küchentuch legen. Ränder, die zu dick sind, abschneiden und für den nächsten Strudel einfrieren. Den Teig mit Rama Pflanzencreme einpinseln.

3 Den Backofen auf 180 ° vorheizen. Das zweite Ei verquirlen und mal schauen, was Team Birne so macht.

Team Birne:

1 Ein Backblech mit Backpapier auslegen. Die Birnen schälen, vierteln, entkernen und würfeln. Die Würfel mit Zitronensaft beträufeln und mit etwas Zimt würzen. Marzipan in kleine Stücke schneiden und zu den Birnen geben. Mandeln in einer trockenen Pfanne bei schwacher Hitze vorsichtig goldgelb bräunen und mit den Rosinen unter die Birnen mischen.

2 Die Birnen auf das untere Viertel des ausgerollten Teigs verteilen und mit Hilfe des Tuchs einrollen. Auf das Backblech setzen, mit dem verquirlten Ei (vom Team Strudel) bestreichen und im Backofen (Mitte, Umluft 160°) etwa 40 Min. backen.

3 Den fertigen Strudel z.B. mit Hagelzucker, Mandelblättchen und Zimt bestreuen.

Tipp:

Wenn die Zubereitung des Strudelteigs zu aufwendig ist, nehmen Sie 450 g TK-Blätterteig. Diesen auftauen lassen, aneinander legen und dünn ausrollen. Wie beschrieben weiter arbeiten.

Stracciatella-Muffins

Zutaten für 12 Stück

250 g	**Mehl**
2 TL	**Backpulver**
1	**Ei**
90 g	**Zucker**
1 Pk.	**Vanillezucker**
70 ml	**Rama Pflanzencreme**
125 ml	**Milch**
1 EL	**abgeriebene Zitronen-schale oder Zitronenaroma**
	Salz
100 g	**Schokoraspel**
	Rama Pflanzencreme und Mehl für die Form
1	**Muffin-Form oder**
24	**Papier-Backförmchen**

Zubereitungszeit: 40 Minuten
Pro Stück etwa: 210 kcal/880 kJ

Team Muffins:

1 Das Mehl mit dem Backpulver vermengen. Das Ei cremig schlagen und Zucker und Vanillezucker hinzufügen. 70 ml Rama Pflanzencreme, die Milch, die Zitronenschale und 1 Prise Salz vorsichtig dazugeben. Nach und nach das Mehl und die Schokoraspel unter die Masse heben.

Tipp:
Lauwarm servieren!

Team Zitrone:

Sie müssen heute dem Team Muffins zuarbeiten.

1 Den Backofen auf 180° vorheizen. Die Zitronenschale mit einer Küchenreibe fein abreiben. Vorsicht, dabei nicht das Weiße der Schale mit abreiben, denn es schmeckt bitter. Die Schokoraspel abwiegen.

2 Die Muffin-Form mit Rama Pflanzencreme auspinseln und mit etwas Mehl bestäuben. Oder die Papierförmchen (je 2 ineinander setzen) auf einem Backblech bereitstellen.

3 Den Teig zwei Drittel hoch in die Formen füllen und im Backofen (Mitte, Umluft 180°) etwa 25 Min. backen.

Pfirsichtarte
mit Grappa und Vanillesauce

Zutaten für 4 hungrige Köche

Team Tarte:

4	quadratische Scheiben TK-Blätterteig
2	Pfirsiche
1 EL	Rama Pflanzencreme
3 EL	Zucker
50 ml	Weißwein
4 cl	Grappa
	Puderzucker

Team Sauce:

125 ml	Milch
1	Eigelb
1–2 TL	Speisestärke
125 g	Sahne
50 g	Zucker
	Salz
	Mark von 1/2 Vanilleschote

Zubereitungszeit: 30 Minuten
Pro Portion etwa: 430 kcal/1800 kJ

Team Tarte:

1 Den Backofen auf 180° vorheizen. Den Blätterteig nebeneinander zum Auftauen legen. Die Pfirsiche halbieren und die Kerne entfernen.

2 Eine ofenfeste Pfanne mit Rama Pflanzencreme und dem Zucker aufstellen. Den Zucker bei schwacher Hitze schmelzen und leicht bräunen (karamellisieren) lassen, sofort vom Herd nehmen, mit dem Wein ablöschen und den Grappa dazugeben. Wieder auf den Herd stellen und etwas kochen lassen, bis sich der Karamell auflöst.

3 Die Pfirsichhälften in die Pfanne legen, jede mit 1 Scheibe Blätterteig bedecken und die Pfanne in den Backofen (Mitte) stellen. In etwa 18 Min. (Umluft 160°) goldgelb backen.

Team Sauce:

1 Von der Milch 4 EL abnehmen und mit dem Eigelb und der Speisestärke anrühren. Die restliche Milch mit Sahne, Zucker, 1 Prise Salz, Vanillemark und der Schote in einem Topf zum Kochen bringen. Mit der angerührten Stärke abbinden. Die Schote herausnehmen und die Sauce kühl stellen.

Zusammen:

Die fertigen Tartes aus der Pfanne nehmen, umgedreht servieren und mit Puderzucker bestreuen.

Tipp:

Pfirsiche aus der Dose kann man hierfür auch gut verwenden.

77

Vanillegugelhupf
mit Amarena-Kirschen

Zutaten für 1 Gugelhupfform

Team Zucker:

200 ml	Rama Pflanzencreme
300 g	Zucker
1 Pk.	Vanillezucker
4	Eier
3 Tropfen	Mandelaroma
60 ml	Milch

Team Kirsche:

1	Vanilleschote
350 g	Mehl
150 g	Speisestärke
2 EL	Backpulver
	Salz
100 g	Amarena-Kirschen
	Rama Pflanzencreme

Außerdem:
Mehl zum Arbeiten

Zubereitungszeit: 20 Minuten
Backzeit: 1 Stunde
Bei 10 Stück pro Stück etwa:
520 kcal/2175 kJ

Team Zucker:

1 Rama Pflanzencreme mit Zucker, Vanillezucker und Vanillemark (vom Team Kirsche) cremig schlagen. Die Eier nach und nach dazugeben, dann das Mandelaroma. Einer schlägt die cremige Masse, ein anderer gibt löffelweise die Milch dazu und ein dritter das Mehl, das Team Kirsche vorbereitet hat.

2 Die Kirschen (von Team Kirsche) mit etwas Mehl bestäuben, vorsichtig unter die Masse heben und diese in die vorbereitete Form füllen. Im Backofen (Mitte, Umluft 160º) etwa 1 Std. backen. Zur Sicherheit mit einem Holzstäbchen vorher schon einmal testen, ob der Kuchen fertig ist.

Team Kirsche:

Sie arbeiten heute dem Team Zucker zu:

1 Den Backofen auf 180º vorheizen. Die Vanilleschote der Länge nach halbieren und das Mark herausschaben.

2 Mehl, Stärke, Backpulver und 1 Prise Salz miteinander vermengen. Die Amarena-Kirschen auf ein Sieb geben und gut abtropfen lassen (der Saft wird nicht verwendet).

3 Die Gugelhupfform mit Rama Pflanzencreme auspinseln und mit Mehl bestäuben.

79

Vanillewaffeln
mit Kirschkompott

Zutaten für etwa 12 Stück

Team Waffeln:

1	Vanilleschote oder 1 Päckchen Vanillezucker
1	unbehandelte Zitrone
200 ml	Rama Pflanzencreme
125 g	Zucker
4	Eier
250 g	Mehl
100 g	gemahlene Mandeln
	Salz
280 ml	Milch
	Rama Pflanzencreme für das Waffeleisen

Team Kirsche:

1 Glas	Sauerkirschen (Schattenmorellen, 200 g Inhalt)
100 g	Zucker
100 ml	Rotwein (oder Kirschsaft)
	Zimtpulver
2 EL	Speisestärke
2 cl	Rum nach Belieben

Zubereitungszeit: 1 Stunde
Pro Waffel etwa: 420 kcal/1760 kJ

Team Waffeln:

1 Die Vanilleschote der Länge nach halbieren und das Mark herausschaben. Die Zitrone halbieren, die Schale von 1 Hälfte fein abreiben und die andere dünn abschälen und an Team Kirsche weiter leiten.

2 Die Rama Pflanzencreme mit Zucker, Vanillemark (oder -zucker) und der geriebenen Zitronenschale cremig schlagen. Nach und nach die Eier dazugeben. Jetzt Mehl, Mandeln und 1 Prise Salz hinzufügen und sofort die Milch dazugeben. Alles zu einem glatten Teig verrühren.

3 Das Waffeleisen vorheizen, falls nötig, mit wenig Rama Pflanzencreme einpinseln und die Waffeln darin schön knusprig backen.

Team Kirsche:

1 Die Schattenmorellen abgießen und den Saft auffangen.

2 Den Zucker in einem Topf bei schwacher Hitze schmelzen lassen. Sobald er anfängt zu karamellisieren, mit dem Rotwein ablöschen und zur Hälfte einkochen lassen. Nun Kirschsaft, restliche Zitronenschalenstücke vom Team Waffeln und 1 Prise Zimt dazugeben.

3 Speisestärke mit kaltem Wasser anrühren und die kochende Flüssigkeit damit andicken. Kirschen und Rum hinzufügen und noch einmal aufkochen lassen. Am Schluss die Zitronenschalen aus dem Kompott herausholen.

Tipp:

Ausgekratzte Vanilleschote in Zucker einlegen und später mahlen. So können Sie eigenen Vanillezucker herstellen und gekaufter ist kein Vergleich dazu!

Der gute Geschmack

Ohne Fett schmeckt's einfach nicht! Denn es ist nun mal der Aromatransporteur schlechthin. Also läuft in der Küche ohne Fett wenig. Doch »who is who« und wofür verwendet man denn nun Margarine, Pflanzencreme und Co.?

Gesättigt oder ungesättigt

Mal rein naturwissenschaftlich betrachtet: Nahrungsfette setzen sich aus den Bausteinen Glycerin und Fettsäuren zusammen. Diese Fettsäuren kann man sich wie verschieden lange Ketten vorstellen, die unterschiedliche »Sättigungsgrade« haben. Man teilt sie in die Kategorien »gesättigt«, »einfach ungesättigt« und »mehrfach ungesättigt« ein. Alle Fette, die für die menschliche Ernährung geeignet sind, enthalten immer alle drei Fettsäurenarten, allerdings in unterschiedlichen Mischungsverhältnissen. Das wiederum ist entscheidend für ihren Einsatz in der Küche, weil die unterschiedliche Zusammensetzung der drei Säurenarten die physikalischen Eigenschaften wie Schmelzverhalten oder Schmelz- und Siedepunkt beeinflusst. Kurz: Es geht ums perfekte Brutzeln und eben auch ums Verbrutzeln, um Spritzer und um den Geschmack. Und nicht zuletzt um die Gesundheit.

Gesättigte Fettsäuren

sind überwiegend in tierischen Fetten wie Butter oder dem Speckrand am Schinken enthalten. Sie können den Cholesterinspiegel erhöhen, deshalb sollte man sie sparsam verwenden.
Die meisten pflanzlichen Fette enthalten hingegen überwiegend **ungesättigte Fettsäuren,** die sich günstig auf den Cholesterinspiegel auswirken.

Auf den ersten Blick erkannt

Enthält ein Fett z.B. viele gesättigte Fettsäuren, ist es fest (z.B. Talg). Je höher der Anteil an ungesättigten Fettsäuren ist, desto weicher wird das Fett. Öl ist also ein Paradebeispiel für einen sehr hohen Anteil an ungesättigten Fettsäuren.

Emulsionsfette

Margarine und **Butter,** die Klassiker auf dem Frühstücksbrötchen, sind sogenannte Emulsionsfette. Sie bestehen aus einer ganz feinen Mischung von Fetten und Wassertröpfchen. Wasser und Fett verbinden sich aber nicht so ohne Weiteres. Deshalb spritzt Butter auch so bei hohen Temperaturen.
Bei Margarine hingegen wird das Braten ohne allzu viel Fettspritzer möglich durch die Hilfe von Emulgatoren (z.B. Lecithine, Mono- und Diglyceride – das sind ganz natürliche Fettbestandteile).
Jede Margarine hat, u.a. bedingt durch ihre individuelle Zusammensetzung aus Fettsäuren, ihre ganz spezielle Konsistenz und letztlich auch ihren Geschmack, ihren Verwendungsschwerpunkt, z.B. als Brotaufstrich oder für die warme Küche. Aber aufgepasst: Halbfettmargarine macht zwar einen schlanken Fuß auf jedem Brötchen, zum Braten ist sie aber nicht geeignet – ihr kann man nicht richtig einheizen, denn dazu ist ihr Fettgehalt zu gering.

Pflanzencremes

Die Pflanzencreme-Produkte sind eine Weiterentwicklung der Emulsionsfette, mit der z.B. Rama auf die veränderten Verbraucher-Ansprüche reagiert hat. Sie sind auf Grund ihrer günstigen Fettsäurenzusammensetzung gesunde Nahrungsfette, universell einsetzbar und einfach und sauber zu handhaben. Dank ihrer cremigen Konsistenz verteilen sie sich im Nu und lassen sich höher erhitzen als Margarine oder Butter, ohne anzubrennen. Außerdem spritzen sie deutlich weniger als Öl. Und last but not least unterstreicht ihr zartes Aroma den Geschmack der Zutaten angenehm. Haltbarkeit: z. B. Rama Culinesse Pflanzencreme: bei sachgemäßer Lagerung, also im Kühlschrank (2 – 15°), 10 Wochen.

Feste Pflanzenfette

Absolut geschmacksneutral, weiß und besonders hoch erhitzbar präsentieren sich die festen Pflanzenfette, die hauptsächlich aus Palmkern- oder Kokosfett bestehen. Fest sind sie, weil sie einen hohen Anteil an gesättigten Fettsäuren

haben. Mit ihnen kann man prima braten, schmoren und frittieren. Und zum Star werden sie überall dort, wo hohe Temperaturen für eine Bräunung und schnelle Krustenbildung gefragt sind, also beim Braten oder beim Frittieren.
Haltbarkeit: Im Kühlschrank mindestens 6 Monate.

Pflanzenöle

Der Hit schlechthin für knackige Salate, Rohkost oder alle Arten von kalten Saucen sind die Öle. Man unterscheidet sortenreine Öle (z.B. Sonnenblumenöl oder Olivenöl) von Ölmischungen (z.B. Trau-

benkernöl mit Sesamöl). Beliebt sind Öle auch in Marinaden fürs Grillen, allerdings sollte man das Grillgut in Aluschalen brutzeln – denn wenn es dampft und raucht auf dem Grillrost, verändern sich die Fette in ihrer chemischen Zusammensetzung. Sie haben bei Steak und Co. dann negative Auswirkungen auf die Gesundheit.

Ob Fette höheren Temperaturen standhalten, ist von ihrer Fettsäurenzusammensetzung abhängig. Und die für eine gesunde Ernährung wichtigen ein- und mehrfach ungesättigten Fettsäuren der Öle sind hitzeempfindlicher als die gesättigten Fettsäuren.

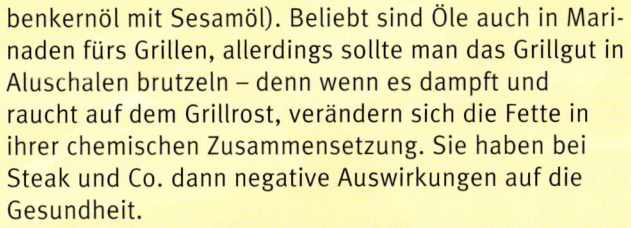

Garmethoden und geeignete Fette

Fett wird für fast alle Garmethoden (außer Kochen und Dämpfen; hier sorgt es nur für den Geschmack) benötigt. Entscheidend ist dabei, für jeden Vorgang das richtige Fett zu verwenden. Hilfestellung soll Ihnen dabei diese kleine Tabelle geben.

Methode	Temperatur	Beschreibung	Fette
Dünsten	um 100°	Garen in wenig Flüssigkeit/Saft	Margarine, Butter, Pflanzencreme
Abschmelzen	um 100°	Fertig Gegartes wird in heißem Fett geschwenkt oder damit übergossen	Margarine, Butter, Pflanzencreme
Braten	160–200°	Garen und Bräunen mit Krustenbildung in der Pfanne	festes Pflanzenfett, Öl, Pflanzencreme, Schmalz, Margarine, Butter
Braten im Ofen	160–250°	Garen und Bräunen mit Krustenbildung	festes Pflanzenfett, Öl, Pflanzencreme
Schmoren	180–200°	Zwischen Kochen und Braten: anbraten, dann langsames Garen in Flüssigkeit	festes Pflanzenfett, Öl, Pflanzencreme, Margarine, Schmalz
Backen	150–250°	Garen in heißer Luft mit Bräunung	Margarine, Butter, Pflanzencreme, Schmalz, Öl
Frittieren	175–190°	Ausbacken, Garen in viel Fett mit Bräunung	festes Pflanzenfett, Öl, Schmalz
Grillen	um 250°	Braten auf einem Rost durch Wärmestrahlung	festes Pflanzenfett, Öl, Pflanzencreme

Anlässe

Feierlich

Bald ist Weihnachten und dann gleich Silvester! Lasst uns dieses Mal doch einfach gemeinsam ein schönes Menü zaubern. Mit allem Drum und Dran. Und schöööner Deko! Und der passenden Musik. Da kommt man gleich in Feierstimmung.

Überraschung!!!!!

Geheimes Planen und Vorbereiten – Tuscheln und Vertuschen – glaubwürdige Ablenkungsmanöver und unwahrscheinliche Ausreden: Das gehört einfach dazu, wenn man jemanden mal so richtig überraschen will! Und was gibt's Schöneres, als wenn dann bei der Enthüllung die Augen leuchten wie die eines Kindes vor dem Weihnachtsbaum? Ein gutes Essen gehört natürlich dazu. Anlässe gibt's übrigens jede Menge: der Geburtstag, die Rückkehr aus dem Urlaub, die bestandene Prüfung, die Beförderung, der neue Job...

Spontan

Schon wieder ein Abend vor der Glotze? Nee – warum nicht eigentlich mal eine »Cookie-Runde«? »Cookies« kennt man doch genug: Cousin oder Schwesterlein, aus dem Job, im Freundeskreis, aus dem Englischkurs oder dem Fitness-Studio. O je, die Läden machen gleich zu! Ich saus' noch schnell los. Ansonsten bringt jeder einfach mit, was der Kühlschrank hergibt...

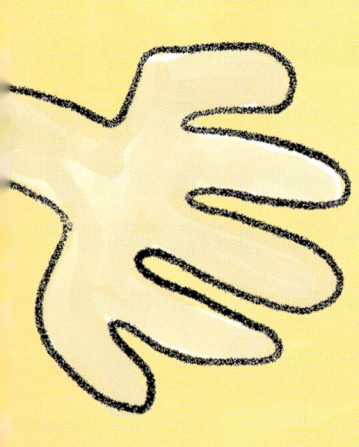

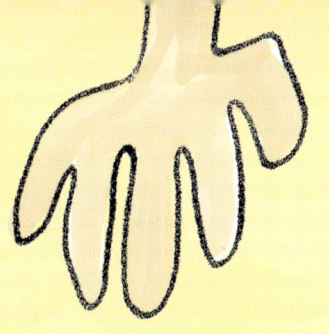

Wochenend'
und Sonnenschein...

Das Azorenhoch bleibt uns erhalten?
Dann nix wie raus aus der Wohnung –
endlich mal wieder eine Radtour mit
den Freunden oder der Familie
machen. Prima, mit Picknick! Vergesst
ja nicht die Badesachen! Und dann
treffen wir uns abends bei dir und
grillen gemeinsam.

For boys
or girls only!

Es ist ja eigentlich ganz klar:
Sind Männer ganz unter sich,
dann geht's um Fußball. Oder Autos.
Oder Frauen. Oder den Job. Oder?

Und Frauen – worüber sprechen sie so?
Logo: Klamotten. Und den irre süßen Typ.
Oder die Kinder/Männer. Oder die neue
Kollegin, die ja sicher was mit dem Chef
hat – das sieht doch jeder!

Weiß man's? Probieren geht über
Studieren. Eines ist sicher: Beide
Geschlechter bringen gerne was zum
Kochen. Let's Cook Together!

We are family!

Warum nicht mal mit den Kindern kochen
und nicht immer nur für sie? Spätestens ab
dem Grundschulalter macht es den Kindern
Spaß zu kochen. Chaos und neue Kreationen
müssen natürlich eingeplant werden. Aber
ganz bald können sie immer eigenständiger
in der Küche wirken.
Also: Das nächste Sonntagsessen wird
gemeinsam gezaubert – dann schmeckt's
noch besser!

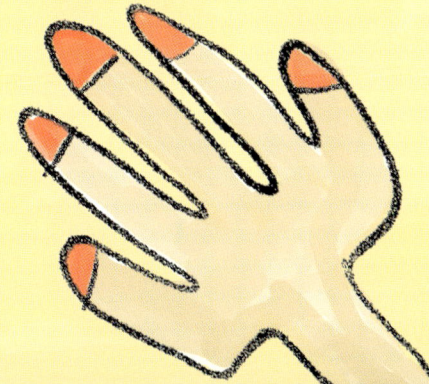

...desto bunter die Gäste

Der Systematiker

Akribisch führt er die Einkaufsliste und hat deshalb auch immer einen Stift zur Hand, so dass er gleich abhaken kann, was im Trolley gelandet ist. Auf ihn ist Verlass. Was später in den Topf muss, kommt zunächst in den schicken Einkaufskorb. Nicht immer nach dem Motto »Koste es, was es wolle«, denn ein bisschen schlägt auch das Herz eines Schnäppchenjägers in ihm. Aber auf Qualität achtet er schon. Wenn der Preis stimmt.

Mr. Superscharf

Am liebsten würde er ja seine eigene Messerkollektion von Koch-Date zu Koch-Date schleppen:
Denn nur mit der perfekt geschärften, handgeschmiedeten Edelstahlklinge aus Japan hackt sich das Kräutlein so richtig gut und wird die Tomatenscheibe wirklich schnittig!

Der Turbo-Schnibbler

Paprika, Zwiebel, Putenschnitzel – was nicht in Deckung geht, wird im Handumdrehen in handliche Streifen geschnibbelt. Würfel gehen auch, bedeuten aber mehr Arbeit. Alle gleichmäßig? Wie spießig! Hauptsache, es geht schnell. Heftpflaster hat schließlich fast jeder zu Hause. Für den Fall der Fälle.

Der Dekantator

Langsam hebt er die Flasche hoch, dreht und wendet sie behutsam, beäugt mit kritischem Blick das Etikett, um schließlich die Flasche mit einem kennerischen »Naja, nicht schlecht« auf den Tisch zurück zu stellen. Es folgt die ausführliche Begutachtung des Korkenziehers – schlechte Karten für den Gastgeber, der das inzwischen abgestumpfte Studienzeit-Modell und nicht das gute Designerstück in der Schublade beherbergt. Windung für Windung nähert er sich dem köstlichen Tropfen, um schließlich mit einem genussvollen »Plobb« Erfolg zu vermelden. Wissend riecht er am Korken, beäugt abermals die Flasche, schnuppert wieder am Korken. Dann die Farbprobe und endlich der kunstvoll in Szene gesetzte erste Schluck! Den der echte Könner natürlich gänzlich unkommentiert die Zunge passieren lässt. Erst der zweite Schluck bestätigt das Urteil, das nun auch der Allgemeinheit verkündet werden darf: »Mh, ja – wirklich, nicht schlecht! Vielleicht 2 Grad zu warm. Aber es geht schon.«
Ach herrje, jetzt hat das doch glatt so lang gedauert, dass das Essen schon fast fertig ist...

Die Probiererin

»Uuund? Schmeckt's schon nach was? Hmm, riecht ja lecker. Soll ich mal probieren? Mmmmmh, lecker. Naja, vielleicht noch einen Schuss Sahne rein? Jaaa, so ist's noch besser...« Sie wuselt ständig um die Herdplatten herum und lupft die Topfdeckel, treibt den Schnibbler zur Verzweiflung, weil die Paprikastücke auf wundersame Weise verschwinden. Und sie bringt den Salateur zum Rasen, weil sie eine Cocktailtomate nach der anderen aus der Salatschüssel mopst. »Ich hab' nämlich den ganzen Tag noch nix gegessen – ich komm' echt um vor Hunger!« Und schwupps, ist das Schicksal der nächsten Cocktailtomate besiegelt.

Der Salateur

Gewissenhaft trennt er die Guten von den Schlechten, zupft die Blätter liebevoll klein, wäscht sie behutsam und lässt sie sorgfältig abtropfen. Und dann stellt sich dem James Bond der Salatschüssel die Kernfrage jedes Dressings: gerührt oder geschüttelt? Mit sicherer Hand trifft er exakt die richtige Mischung aus Essig und Öl, Salz und Pfeffer, Kräutern und Gewürzen. Ein Meister seines Fachs.

Die Tischdeckerin

»Diese Servietten hier? Ist dir das recht? Nee, lass' mal, die falt' ich noch. Sieh mal, ist doch viel hübscher so. Wo habt ihr eigentlich die Kerzen hin, die ich mitgebracht habe?« Sie wirft Netze über den Tisch, wenn es Fisch gibt und schneidet noch mal schnell ein paar Sterne aus, falls in der lauen Augustnacht der angekündigte Sternschnuppenregen doch aus irgendwelchen Gründen ausbleiben sollte.

Der Bratologe

Wenn's in der Pfanne kräftig brutzelt und zischt, ist der Bratologe voll in seinem Element. Er dreht und wendet es, wie er will – aber er bringt es exakt auf den Punkt. Hauptsache Fleisch. Am liebsten natürlich Steak. Ob »rare«, »medium« oder »well done«.

Mr. Spüli und Mrs. Dryer

Sie kommen immer ein bisschen zu spät. Mussten noch schnell Zigaretten holen. Und dann war gerade der letzte Parkplatz weg. Schade, jetzt kann man gar nichts mehr helfen. Egal, dann machen wir eben den Abwasch! Ach so, du hast 'ne Spülmaschine – klasse! Ansonsten nehmen sie es sportlich: ohne Gummihandschuh.

Damit kein Stress aufkommt:

Kochen ist wirklich keine große Kunst: Man braucht nur Lust und ein gutes Rezept!
Klar, eine Küche nebst Utensilien darf auch nicht fehlen. Und was sich dann doch als ganz hilfreich erweist, ist ein kleines bisschen Organisation, vor allem beim Kochen im Team, damit man sich nicht auf die Zehen tritt oder hektisch wird. Aber das ist wirklich ganz easy. Deshalb hier nur so ein paar Aregungen für kleine oder große Chaoten:

Wann will man eigentlich essen?
Davon hängt nämlich auch der »Anpfiff« am Herd ab. Nicht nur Anfänger sollten lieber eine halbe Stunde mehr einplanen.

Die Getränke nicht vergessen – vor allem Weißwein, Prosecco, Bier und Co. müssen rechtzeitig kühlen.

Vor dem Start einfach noch mal kurz prüfen, ob wirklich alle Zutaten da sind.

Auch Profiköche lesen sich vor dem Messerwetzen das Rezept einmal gut durch, ruhig auch laut.

Sind auch alle »Hilfsmittel« wie Töpfe, Schneidebretter und Messer oder Mixer da? Schon mal das Wichtigste bereitstellen.

Während der Garzeiten im Ofen oder der Ruhephasen im Kühlschrank kann man schon mal in Ruhe den Tisch decken. Oder eine Runde abspülen.

Turn the Radio on! Musik bringt immer Stimmung. Und mit dem richtigen Hüftschwung schnibbelt sich auch die Zwiebel leichter.

Damit die Arbeit nicht in Arbeit ausartet

Platz da!

Beim Gemüseputzen, Saucenrühren und Schnibbeln braucht man ein bisschen Bewegungsfreiheit. Deshalb ruhig mal auf den Küchen- oder Esstisch ausweichen. Und unter das Schneidebrett ein feuchtes Tuch legen, so kann es nämlich nicht rutschen.

Ganz schön scharf!

Das richtige Werkzeug ist bei jedem Heim- und Handwerker das A und O. Und mit scharfen Messern erleichtert man sich die Arbeit am Hackbrett ganz erheblich! Deshalb lohnt sich die Anschaffung wirklich guter Messer. Aber auch diese sollte man etwa einmal pro Jahr zum Schleifen bringen. Falls Sie nicht wissen wo, fragen Sie den Metzger um die Ecke.

Das duftet und schmeckt!

Wenn man Gewürze wie Curry vorher mit anröstet bzw. erhitzt, entfalten sie erst richtig ihren Geschmack. Knoblauch dagegen wird bitter.

In der Frische liegt die Würze

Frisch auf den Tisch schmeckt's einfach am besten! Deshalb machen Pfeffer aus der Mühle und Muskatnuss direkt von der Reibe genau so viel Lust wie gerade gezupfte Kräuter vom Balkon. Und wenn es doch mal getrocknete Kräutlein sein müssen, dann sparsamer damit umgehen, denn sie sind konzentrierter im Geschmack.

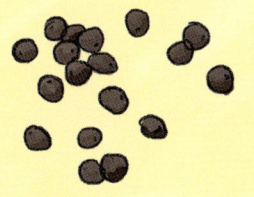

Asiatisches Salz

Sojasauce wird auch »das Salz Asiens« genannt. So würzig ist sie. Auf die Zugabe von »europäischem« Salz kann man dann also getrost verzichten.

89

Was man alles so braucht

It's a must

Herd, Backofen, Brotmesser, Fleischmesser, Gemüsemesser, Sparschäler, Küchenschere, Litermaß (mit Angaben für Zucker, Mehl, Reis etc.), Topf, Pfanne, Schneidebrett, Topflappen, Dosenöffner, Korkenzieher, Zitronenpresse, Schneebesen, Sieb, Rohkostreibe, Topfuntersetzer, Rührlöffel, Springform, Bratenwender, gute Laune

Nice to have

Scharfe Messer, Küchenwaage, Toaster, elektrische Saftpresse, Espressomaschine, Muskatnussreibe, Knoblauchpresse, Wok, Muffin-Form, Auflaufform, Wasserkocher, Teigschaber, Kartoffelstampfer, Flotte Lotte, Schürze, Zahnstocher, Holzspieße, Stabmixer, Nudelholz, Spaghettizange, Küchenuhr, Suppenkelle, Pinsel,

Pfeffermühle, mehr Töpfe und Pfannen in allen möglichen Größen, Handrührgerät, Radio

Kür

Küchenmaschine, Waffeleisen, Gugelhupfform, Fonduetopf, Raclette, Spargeltopf, Eierkocher, Salatschleuder, Kastenform, Wetzstahl zum Messerschärfen, Apfelausstecher oder Apfelteiler, Knoblauchschäler, Zestenreißer, Pizzaschneider, Zwiebelhacker, Eierschneider, Grapefruitmesser, Geschirrspülmaschine, Mikrowelle, Hop-Sing

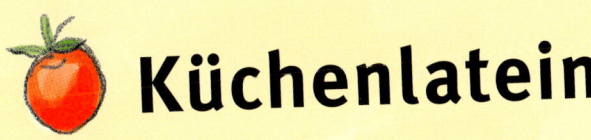

Küchenlatein

ablöschen:

Die Feuerwehr muss man nicht gleich holen – es reicht, angebräuntes Gargut mit warmer oder kalter Flüssigkeit zu begießen.

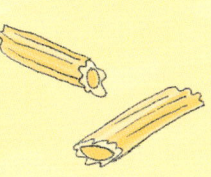

al dente:

kommt aus dem Italienischen und bedeutet »bissfest garen«. Gilt für Nudeln und Gemüse.

Bruschetta:

eine italienische Vorspeise, nämlich geröstetes Weißbrot. Es wird mit Olivenöl beträufelt und erhält einen klassischen Belag aus gewürfelten Tomaten und Basilikum oder die Kür in zig Variationen.

Julienne:

Nicht die kleine Julia, sondern sehr dünne, gleich lang geschnittene Streifen von Gemüse.

Koriandergrün

das Grün des Gewürzes Koriander. Es wird in der asiatischen Küche fast wie Petersilie verwendet, schmeckt jedoch völlig anders und sollte sparsamer verwendet werden. Es ist in Asienläden erhältlich – Sie können es auch aus den Körnern selber ziehen.

marinieren:

Fleisch, Fisch oder Gemüse wird in eine würzige Flüssigkeit eingelegt, um besondere Geschmackseffekte zu erzielen.

Rucola:

heißt auch Rauke. Sie kommt aus Italien und ist bei uns gerade richtig in Mode. Man kann sie roh als Salat oder kurz gedünstet als Gemüse verzehren.

Saltimbocca:

»spring in den Mund«. Ursprünglich ein italienisches Gericht aus Kalbsschnitzel, Parmaschinken und Salbei, gibt's inzwischen auch in vielen Abwandlungen.

Sojasauce:

ein Auszug aus fermentierten Sojabohnen, dient als Gewürz.

Souffle:

pikanter oder süßer Auflauf, dessen Grundlage Eischnee ist.

Tandoori:

eine asiatische Gewürzmischung. In Indien auch ein Lehm-Backofen.

Vichy:

ein Thermalwasser aus Frankreich. In einem traditionellen Rezept werden damit kleine Möhrchen zubereitet (Vichy-Karotten).

Menüvorschläge

Ein Menü wird ja immer bestimmt vom Anlass, den Vorlieben der Köche und Esser, den Vorräten, der Saison... Wir haben Ihnen hier ein paar Vorschläge für Anlass und Gerichte zusammengestellt, die aber vor allem Ihre Fantasie und Koch-Lust anregen sollen.

Fischmenü:

Reibekuchen mit Lachs und Limettencreme
(Rezept Seite 31)

Lachs-Zucchini-Spieße in Zitronenbutter
(Rezept Seite 32)

Gebratene Grießschnitten mit Kirschen
(Rezept Seite 71)

Vegetarisches Menü:

Avocadosalat mit Walnüssen
(Rezept Seite 21)

Serviettenknödel mit Champignonsauce
(Rezept Seite 54)

Apfelpfannkuchen
(Rezept Seite 66)

Italienisches Menü:

Bruschette mit Rucola
(Rezept Seite 9)

Spinatlasagne mit Tomatensauce
(Rezept Seite 56)

Pfirsichtartes mit Grappa und Vanillesauce
(Rezept Seite77)

Asiamenü:

Kalte Gurkensuppe mit Lachstartar
(Seite 10)

Gemüse aus dem Wok
(Rezept Seite 47)

Ananas-Kokos-Beignets mit Schokosauce
(Rezept Seite 69)

Wintermenü:

Leichte Kartoffelsuppe mit Bacon und Feta
(Rezept Seite 12)

Schnitzelroulade mit Vichy-Karotten
(Rezept Seite 40)

Winterlicher Kaiserschmarrn
(Rezept Seite 67)

Besonderes Menü:

Rucolasalat mit Schafkäse im Kürbiskernmantel
(Rezept Seite 18)

Gambas auf Zucchinicarpaccio mit Rucolapesto
(Rezept Seite 15)

Viktoriabarsch mit Mangochutney
(Rezept Seite 35)

Schokoladensouffles in der Tasse
(Rezept Seite 73)

Französisches Menü:

Spinatquiche mit Ziegenkäse
(Rezept Seite 52)

Schweinefilet mit Möhrennudeln und Würfelkartoffeln
(Rezept Seite 42)

Crêpes mit Heidelbeeren und Vanillequark
(Rezept Seite 65)

Sommermenü:

Gazpacho
(Rezept Seite 11)

Kabeljau in Senfsauce mit Kartoffel-Lauch-Gemüse
(Rezept Seite 28)

Stracciatella-Muffins
(Rezept Seite 75)

Cross-over-Menü:

Paprikacreme mit gebackenem Basilikum
(Rezept Seite 13)

Hähnchen-Tandoori mit gebratenem Gemüse
(Rezept Seite 38)

Vanillewaffeln mit Kirschkompott
(Rezept Seite 81)

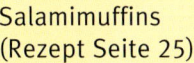

Familientag mit Kindern:

Salamimuffins
(Rezept Seite 25)

Gnocchi mit Tomaten und Basilikum
(Rezept Seite 55)

Vanillewaffeln mit Kirschkompott
(Rezept Seite 81)

Familientag mit »Großen«

Bunter Salat mit Croûtons
(Rezept Seite 17)

Geflügelcurry mit Ananas und Wildreis
(Rezept Seite 37)

Vanillegugelhupf mit Amarenakirschen
(Rezept Seite 79)

Für ein Picknick:

Schwarzer Nudelsalat mit Meeresfrüchten
(Rezept Seite 19)

Nussiges Brot mit Kräuterquark
(Rezept Seite 22)

Spinatquiche mit Ziegenkäse
(Rezept Seite 52)

Stracciatella-Muffins
(Rezept Seite 75)

Eine spontane Kochorgie

Maisplätzchen mit Kräutercreme
(Rezept Seite 51)

Pilzrisotto
(Rezept Seite 53)

Apfelpfannkuchen
(Rezept Seite 66)

Menue for boys:

Bunter Salat mit Croûtons
(Rezept Seite 17)

Lammkoteletts in Kräuterkruste mit Polenta
(Rezept Seite 41)

Birnen-Marzipan-Strudel
(Rezept Seite 74)

Menue for girls:

Kalte Gurkensuppe mit Lachstatar
(Rezept Seite 10)

Cappellini mit Shrimps und Zuckerschoten
(Rezept Seite 59)

Ananas-Kokos-Beignets mit Schokosauce
(Rezept Seite 69)

Für ein Vorspeisenbuffet:

Auberginen-Saltimbocca mit Kräuterquark
(Rezept Seite 49)

Zucchinipiccata (ohne Nudeln,
Rezept Seite 61)

Bruschette
(Rezept Seite 9)

Schafkäse im Kürbiskernmantel
(Rezept Seite 18)

Satéspieße (ohne Ratatouille,
Rezept Seite 39)

Register

Impressum

Rezepte: Carsten Dorhs
Texte und Redaktion: Catharina Wilhelm
Redaktionsassistenz: Tanja von Nayhauss
Lektorat: Adelheid Schmidt-Thomé
Gestaltung, Layout und Illustrationen: Rupp Werbeagentur
Foodfotos: Christiane Krüger
Foodstyling: Maren Jahnke
Herstellung: Markus Plötz
Projektleitung Rama: Petra Vanheiden, Iris Schaden
Reproduktion: Repro Schmidt/Dornbirn/Austria
Druck und Bindung: Appl, Wemding

ISBN 3-7742-2827-2

Auflage: 3. 2. 1.
Jahr: 03 02 01

Danke an:
Gudrun Brand (Union Deutsche Lebensmittelwerke)
und alle Rezepttest-Familien & -Freunde.

**Das Original
mit Garantie**

Ihre Meinung ist uns wichtig. Deshalb
möchten wir Ihre Kritik, gerne aber
auch Ihr Lob erfahren. Um als führen-
der Ratgeberverlag für Sie noch
besser zu werden. Darum:
Schreiben Sie uns!
leserservice@graefe-und-unzer.de
Wir freuen uns auf Ihre Post und
wünschen Ihnen viel Spaß mit Ihrem
GU-Ratgeber.
Unsere Garantie: Sollte ein
GU-Ratgeber einmal einen Fehler
enthalten, schicken Sie uns das Buch
mit einem kleinen Hinweis und der
Quittung innerhalb von sechs Mona-
ten nach dem Kauf zurück. Wir tau-
schen Ihnen den GU-Ratgeber gegen
einen anderen zum gleichen oder
ähnlichen Thema um.
Ihr Gräfe und Unzer Verlag
Redaktion Kochen
Postfach 86 03 25
81630 München
Fax: 0 89/4 19 81 - 113

Carsten Dorhs

Der gebürtige Hesse absolvierte seine Ausbildung zum Koch im Hotel Maritim am
Timmendorfer Strand, später überquerte er die Ozeane als Chef de Cuisine auf dem
Luxus-Segler »Sea Cloud«.
Als »VOX Kochduell-Kartoffelkönig« zaubert er gemeinsam mit den Kandidaten im
Handumdrehen leckere Gerichte. Auch zu Hause teilt er sich den Kochspaß gerne
immer wieder mit der Familie oder Freunden. Wenn der erfolgreiche Kochbuchautor
und Foodstylist in seiner Freizeit nicht gerade neuen Illy-Espressotassen hinterher
jagt, trifft man ihn entweder auf dem Fussballplatz oder unter Wasser beim Tau-
chen. Im Internet findet man ihn unter www.carsten-dorhs.de.

Christiane Krüger

Christiane Krüger arbeitete schon Anfang der 80er Jahre während ihres Design-
Studiums an der Fachhochschule Hamburg als Fotoassistentin. Seit 1989 ist sie als
Foodfotografin in Hamburg selbständig, im gleichen Jahr wurde sie mit dem Fuji
Shooting Star ausgezeichnet. Wenn sie nicht gerade Essen ins rechte Licht setzt,
wird sie von ihren drei Kindern in Schach gehalten oder hat wieder einmal Promis
oder Models für Fotoshootings in den eigenen vier Wänden zu Besuch.

Die Temperaturstufen bei Gasherden variieren von Hersteller zu Hersteller.
Welche Stufe Ihres Herdes der jeweils angegebenen Temperatur entspricht,
entnehmen Sie bitte der Gebrauchsanweisung.